PIMP YOUR

⚔ ★ ⚔

TOAST

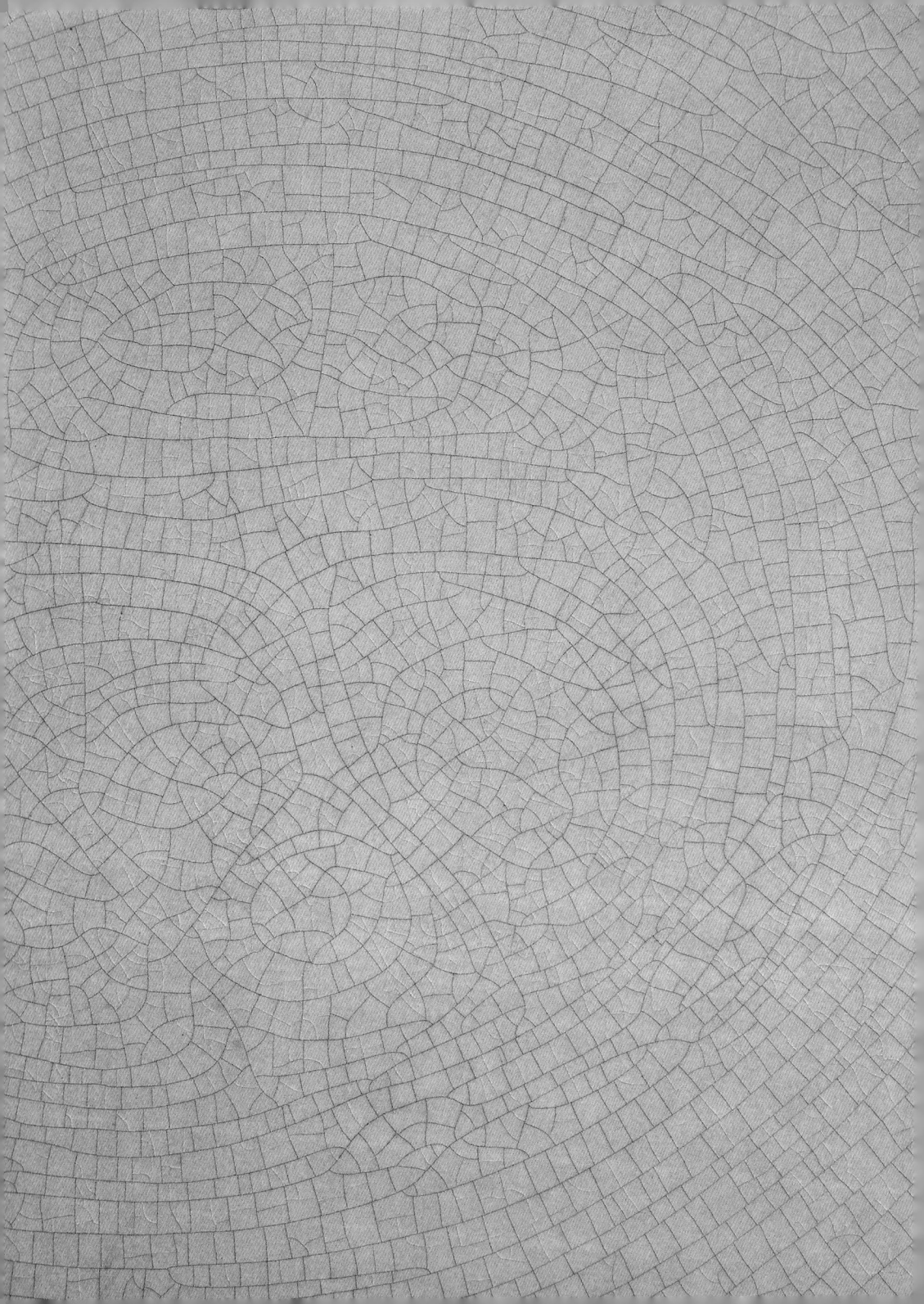

PIMP YOUR

TOAST

Über 70 Ideen
für knusprige Brote

Rezepte: Emily Kydd, Fotos: Louise Hagger,
Texte: Tim Hayward und Sarah Lavelle

Edition
Fackelträger

© der englischen Originalausgabe 2015
Quadrille Publishing Limited
Pentagon House
52–54 Southwark Street
London SE1 1 UN

Verlagsleitung: Sarah Lavelle
Künstlerische Leitung: Helen Lewis
Korrektur: Kate Wanwimolruk
Design: Gemma Hayden
Fotografie and Foodstyling: Louise Hagger
Rezeptentwicklung and Foodstyling: Emily Kydd
Texte: Tim Hayward and Sarah Lavelle
Produktion: Vincent Smith and Tom Moore

© der deutschsprachigen Ausgabe 2016
Fackelträger Verlag GmbH, Köln
Emil-Hoffmann-Straße 1
50996 Köln

Übersetzung aus dem Englischen: Susanne Schmidt-Wussow, Berlin
Lektorat: Petra Puster, Niederpöcking
Umschlaggestaltung und Satz: Nicole Laka, nimatypografik, Buchholz i.d. Nordheide
Projektleitung: Svenja K. Sammet
Gesamtherstellung: Fackelträger Verlag GmbH, Köln

ISBN 978-3-7716-4630-1
Printed in China

www.fackeltraeger-verlag.de

INHALT

EINFÜHRUNG

Ein Toast ist meist eine eher bescheidene Mahlzeit. Oft war er die erste feste Nahrung, die wir als kleine Kinder selbst in die Hand nehmen und in den Mund stecken durften. Wahrscheinlich hatten wir danach geschmolzene Butter überall auf unserer Kleidung, dem Gesicht und dem Hochstuhl – aber es ist die reine, unverfälschte Freude über das Alleine-Essen (und die strahlend-stolzen Gesichter von Mama und Papa), die Toast schon früh im Leben zum Lieblings-essen vieler Menschen macht. Jeder liebt Toast. Vertrauen Sie keinem, der ihn nicht mag.

Oberflächlich betrachtet, könnte nichts einfacher sein, als ein Stück Brot zu toasten – man braucht es nur mit etwas Hitze in Maßen zu rösten – und fertig. Und doch hat jeder von uns seine ganz persönlichen Vorlieben, wenn es um die Zubereitung und das Servieren von Toast geht, sozusagen einen individuellen Toast-Kodex. Je nach verwendetem Brot haben die meisten eine ganz bestimmte Vorstellung davon, wie stark ein Toast geröstet sein darf. Heutzutage gibt es alle möglichen Hightech-Toaster, einige mit Fließband, andere können angeblich die Farbe des Toasts mittels einer Fotozelle „ablesen", wieder andere haben einfache Timer … aber die meisten von uns bringen es ohnehin nicht über sich, nicht trotzdem einzugreifen. Jeder Toaster erfordert nämlich ein konstantes, neurotisches Herumgefummel, ein häufiges Über-prüfen des Bräunegrads, will man schreckliche Enttäuschungen beim Frühstück vermeiden.

Ein weiteres Thema, das die Toast-Gemeinde spaltet, ist die Serviertem-peratur. Einige finden, der Toast sollte so auf den Tisch gebracht werden, dass er einem die Fingerspitzen verbrennt, damit die Butter schneller schmilzt und er sie aufsaugen kann. Andere – oft sonst vernünftige Menschen, auf deren Urteil in den meisten Fällen eigentlich Verlass ist – möchten ihren Toast kalt, damit sie die Butter großzügig daraufstreichen können, ohne dass sie schmilzt.

Hier kommt der Toastständer ins Spiel: Wie jede große Form von Kunst ist nämlich auch die Zubereitung eines Toasts ein akrobatischer Balanceakt am Rand der Katastrophe. Brot zu toasten ist ganz anders als jede andere Art des Kochens. Der perfekte Toast muss warm, innen saftig und dampfend und außen kross und trocken sein. Lässt man Toast flach auf einem Teller oder Brett abkühlen, wird der Dampf im Inneren eingeschlossen und macht die Kruste unappetitlich weich. Es gibt nichts Entmutigenderes als einen matschigen Toast. Der Toast-ständer ist daher das einzige Gerät, in dem der Toast unter frei zirkulie-render Luftzufuhr abkühlen darf, sodass der Dampf entweicht und die Außenseite kross bleibt.

Die krosse Oberfläche ist ein Ergebnis der sogenannten „Maillard-Reaktion", eines nicht-enzymatischen Vorgangs der Bräunung, Karamel-lisierung und schließlich Pyrolyse ... eine sehr treffende Ausdrucksweise für „kross und lecker".

Das erklärt auch, warum man Toast nicht in einem Backofen oder in der Mikrowelle zubereiten kann. Man braucht zum Toasten eine Vorrichtung, um das Brot zu halten, während starke Hitze auf die Oberfläche wirkt. Ein elektrischer Toaster ist ideal; ersatzweise kann man das Brot auch in einer heißen, fettfreien Pfanne rösten, aber am besten eignen sich eine Röstgabel und ein offenes Feuer.

Toast ist ein ganz elementares Nahrungsmittel, einfach und doch komplex, vollkommen simpel und doch die Grundlage für unendliche Kniffe und Verbesserungen. Toast kann beruhigend bodenständig oder auch sehr, sehr außergewöhnlich sein.

Und jetzt ... Was legen wir drauf?

★

ZUM TOASTEN

Bagels

Bagels werden aus einem leicht gesüßten Hefeteig hergestellt, der vor dem Backen kurz in kochendem Wasser pochiert wird. So entsteht eine zähe, elastische Kruste, die dem Bagel eine feste Krume verleiht. Bagels lassen sich gut toasten, vor allem, wenn sie schon etwas altbacken sind.

Baguette

Ein gutes Baguette hat bereits eine äußerst knusprige Kruste, die durch Toasten geradezu scharfkantig werden kann. Durch die offene, luftige Krume andererseits eignet sich getoastetes Baguette besonders gut für alles, das sich gut aufsaugen lässt.

Brioche

Ein französisches Hefebrot, verfeinert mit Butter, Milch und Eiern, die für seine herrlich gelbe Farbe sorgen. Aus Brioche lassen sich luftige, leichte Toasts mit deutlich süßem Aroma herstellen. Am besten schmeckt sie daher mit Marmelade und Konfitüre, seltsamerweise aber auch mit Pastete und Foie gras.

Challa

Challa ist ein traditionelles jüdisches Brot, das gewöhnlich geflochten wird. Es schmeckt ganz ähnlich wie Brioche und lässt sich ebenso gut toasten, ist aber „parve" (gehört nach den jüdischen Speisegesetzen zu den neutralen Lebensmitteln), enthält also keine Milchprodukte.

Ciabatta

Ciabatta klingt nach jahrhundertealter italienischer Tradition, aber tatsächlich wurde es 1982 speziell für Sandwiches erfunden. Es hat ein mildes Aroma, eine offene Krume und eine weiche Kruste. Zum Toasten eignet es sich besonders gut.

Dinkelbrot

Dinkel ist ein Verwandter des Weizens. Er ist schon sehr lange bekannt und ist in vielerlei Hinsicht gesünder als manche moderne Weizensorten. Da das Dinkelkorn genauso verarbeitet werden kann wie normaler Weizen, lässt sich daraus fast jede Sorte Brot backen. Auch beim Toasten verhalten sich Dinkelbrote genau wie ihre Gegenstücke ohne Dinkel.

Fladenbrot

Fladenbrote sind ungesäuerte oder leicht gesäuerte Brote, die auf der ganzen Welt gebacken werden. Der Teig wird dazu auf einem Grillblech ausgezogen oder wiederholt an die Ofenwände geschlagen. Wegen seiner geschlossenen Krume mit wenigen Lufteinschlüssen wird es beim Toasten kross und spröde.

Kastenweißbrot

Unter Kastenweißbrot versteht man in der Regel ein etwas rustikaleres Brot mit härterer Kruste, einer manchmal etwas unregelmäßigeren Krume und einem leichten Hefe-aroma. Wenn das Brot sehr saftig und frisch ist, sollte es vor dem Toasten in Scheiben geschnitten und ein bis zwei Stunden im ausgeschalteten Toaster stehen gelassen werden, damit es etwas austrocknen kann.

Maisbrot

Gutes Maisbrot hat eine saftige, kuchenähnliche Konsistenz und wird aus Maismehl statt aus Weizenmehl gebacken. Als Triebmittel dient Back-pulver, das die Süße des Maismehls durch ein feines Salzaroma abrundet. Maisbrot lässt sich kaum braun und kross toasten. Das macht jedoch nichts aus, weil es auch ungetoastet köstlich schmeckt.

Maistortilla

Maistortillas gehören natürlich nicht zum Toastbrot im eigentlichen Sinn, aber sie eignen sich hervorragend als Grundlage für alle Arten von Belag. Sie werden aus feinem Maismehl gebacken und lassen sich gut mit mexikanisch angehauchten Zutaten belegen. Nach dem Braten oder Rösten bleiben sie lange knusprig.

Malz-Mehrkornbrot

Das Malz für dieses Brot wird oft in Form von Malzbier, aber auch als Malzmehl, Malzkorn oder Malzex-trakt zugefügt. Dadurch entsteht ein dunkles Brot mit komplexen Aromen, gutem Feuchtigkeitsgehalt, ausgezeichneter Haltbarkeit und einer rauchigen Süße. Malz-Mehrkornbrot enthält zudem verschiedene Getreide-sorten. Es lässt sich gut toasten und ist robust genug für schweren Belag.

Pan Pugliese (italienisches Landbrot)

Pan Pugliese ist eins von Dutzenden regionaler Typen des einfachen italienischen Landbrots. Es wird aus Weißmehl und Olivenöl hergestellt, enthält aber viel weniger Salz als viele andere Brotsorten. Pan Pugliese schmeckt besonders gut, wenn es altbacken in einer leicht geölten Bratpfanne geröstet wird.

Pumpernickel

Pumpernickel ist ein Sauerteigbrot aus Roggenschrot und ganzen Körnern. Es wird bis zu 24 Stunden bei geringen Temperaturen gedämpft, was ihm ein er-diges, fast schokoladiges Aroma und eine dichte, saftige Konsistenz verleiht. Selbst aus altbackenem Pumpernickel lässt sich kein besonders knuspriger Toast her-stellen, aber sein kräftiger Geschmack macht das spielend wieder wett.

Roggenbrot

Roggenbrot wird aus unterschied-lichen Anteilen Roggenmehl gebacken, wodurch es dichter und gewöhnlich auch dunkler wird. Es enthält mehr Ballaststoffe als Weißbrot und hat einen niedrigeren glykämischen Index (GI). Damit ist es so gesund, dass Ihr Arzt es Ihnen praktisch auch verschreiben könnte.

Sandwich-Toast

Sandwich-Toast (oder wenn Sie richtig vornehm klingen möchten: „Pain de mie") ist ein Weißbrot, das in einer Kastenform gebacken wurde. Es hat eine weiche Krume und ist sehr lange haltbar. Die meisten Toastbrote oder Sandwichbrote aus dem Supermarkt gehören in diese Kategorie. Tatsächlich sollen daraus vornehmlich Sandwiches hergestellt werden, die möglichst lange auf dem Teller appetitlich bleiben. Wegen seines Feuchtigkeitsgehalts ist es etwas schwer zu toasten. Wer seinen Toast sehr kross mag, kann die Scheiben vor dem Toasten im kalten Ofen etwas antrocknen lassen.

Sauerteigbrot

Sauerteigbrot enthält als Backtriebmittel natürliche Enzyme statt kommerzieller Hefe. Es hat eine elastische Krume und schmeckt aufgrund der Milchsäure, die während der Fermentierung entsteht, leicht säuerlich, vor allem die Kruste. Frisches Sauerteigbrot ist saftig und muss lange getoastet werden, bis es kross ist. Wenn es jedoch ein wenig altbacken ist, wird daraus der außergewöhnlichste Toast, den Sie je probiert haben.

Sodabrot

Sodabrot ist die Bezeichnung für jedes Brot, das als Triebmittel Backpulver statt Hefe enthält. Die Palette reicht dabei von einzelnen Brötchen, die dem britischen Crumpet ähneln, bis zu kuchenartigem irischen Weißbrot. Sodabrot passt besonders gut zu kräftigem Käse und Frühstücksspeck.

Vollkornbrot

Wie der Name schon sagt, besteht Vollkornmehl mehr oder weniger aus dem ganzen Korn, darunter auch Teilen des ölhaltigen Keims und der ballaststoffreichen Spelze. Aus Vollkornmehl lassen sich viele Sorten Brot backen, die alle braun und nussig sind, meist eine grobe Krume haben und weniger aufgehen als Brote aus Weißmehl oder Auszugsmehl. Durch das Toasten tritt das Nussaroma des vollen Korns in den Vordergrund.

Walnussbrot

Eins von mehreren Nussbrotsorten. Beim Toasten nehmen die Nüsse ein herrliches Röstaroma an. Walnussbrot schmeckt leicht süß und passt daher besonders gut zu kräftigen oder salzigen Käsesorten.

Weizenmisch- bzw. Mehrkornbrot

Weizenmischbrot besteht zu mehr als 50 Prozent aus Weizenmehl und wird traditionell mit Sauerteig gebacken. Es ist ein beliebtes Allzweckbrot von schöner Krume mit guten Toasteigenschaften.

Als Mehrkornbrot bezeichnet man Brot, das aus mehr als drei Getreidesorten besteht – meist sind es aber wesentlich mehr. Neben Weizen und Roggen sind das Dinkel, Gerste, Hafer und auch Mais.

Pumpernickel

Weißes Sauerteigbrot

Brioche

Fladenbrot

Baguette

Dinkelbrot

Kastenweißbrot

Ciabatta

Walnussbrot

Malz-Mehrkornbrot

Challa

Roggenbrot

Weizenbrot mit Mohn

Mehrkornbrot

Sodabrot

Pan Pugliese

Sandwich-Toast

Bagel

Maistortilla

Maisbrot

Brot mit ganzen Körnern

Vollkornbrot

TOAST AM

★

MORGEN

PISTAZIEN

★

DUKKA & AVOCADO

Dukka ist eine ägyptische Gewürzmischung aus gehackten Nüssen, Kernen und Kräutern. Dieses Rezept hier ergibt mehr Dukka, als Sie für einen Toast brauchen. Den Rest können Sie in einem luftdichten Behälter lagern und über Salate oder Grillfleisch streuen.

 2 Portionen

 10 Minuten

50 g Pistazien
1 EL Sesamsaat
1 EL Kürbiskerne
2 TL Koriandersamen
2 TL Kreuzkümmelsamen
1 TL Fenchelsamen
1 TL süßes geräuchertes
   Paprikapulver
2 Scheiben Dinkel- oder
   Roggenbrot
1 reife Avocado
etwas natives Olivenöl extra
einige Petersilienstängel
grobes Meersalz

Für das Dukka Pistazien, Sesamsaat und Kürbiskerne zusammen in einer trockenen Pfanne goldbraun rösten, dann in eine Gewürzmühle oder einen Multizerkleinerer geben. Koriander-, Kreuzkümmel- und Fenchelsamen in die Pfanne geben und rösten, bis sie duften. Dann ebenfalls in die Mühle geben und das Paprikapulver und einige Meersalzflocken zufügen. Kurz mahlen, bis alles vermischt ist, aber das Dukka noch Biss hat.

Das Brot toasten. Die Avocado halbieren, den Kern auslösen, das Fruchtfleisch herausheben und in dünne Scheiben schneiden. Mit etwas Olivenöl beträufeln und auf jeden Toast 2–3 TL Dukka und etwas Petersilie geben.

BAGEL MIT

★

LACHS & FRISCHKÄSE

Ein Bagel mit Räucherlachs und Frischkäse gehört in jedem amerikanischen Diner und in jedem Deli in New York zum Standardangebot. Am häufigsten wird er mit gehackten roten Zwiebeln und Kapern serviert, auf Jiddisch manchmal auch als „The Whole Schmeer" bezeichnet.

4 Portionen

15 Minuten zzgl. mindestens 1 Tag für selbst gepökelten Lachs

100 g grobes Meersalz
175 g Rohrohrzucker
500 g Lachsfilet ohne Haut
  und Gräten
4 Bagels
200 g Frischkäse
1 sehr kleine rote Zwiebel,
  fein gehackt
2 EL Kapern, abgetropft
1 Handvoll Dill, gehackt
1 Zitrone, geviertelt
  (nach Belieben)
frisch gemahlener
  schwarzer Pfeffer

Eine Schüssel oder ein Backblech so mit Klarsichtfolie auslegen, dass diese über die Seiten hängt. Salz und Zucker mischen und ein Drittel auf dem Blech verteilen. Den Lachs darauflegen, die restliche Salz-Zucker-Mischung darübergeben und andrücken. Die überhängende Klarsichtfolie über den Lachs schlagen und gut einpacken. Ein zweites Blech oder einen Teller auf den Lachs stellen und mit einigen Dosen beschweren. Mindestens 24 Stunden (oder bis zu 4 Tage) im Kühlschrank ziehen lassen.

Den Lachs aus dem Kühlschrank nehmen, auswickeln und unter kaltem Wasser Salz und Zucker abspülen, dann trocken tupfen. Die Bagels aufschneiden, toasten und etwas abkühlen lassen. Eine Seite großzügig mit Frischkäse bestreichen. Den Lachs in dünne Scheiben schneiden und mehrere Scheiben auf den Frischkäse legen (oder mit gekauftem Räucherlachs belegen). Mit Zwiebeln, Kapern und Dill bestreuen. Nach Belieben etwas Zitronensaft darüberträufeln und etwas Pfeffer darübermahlen. Die andere Bagelhälfte daraufsetzen. In Klarsichtfolie gewickelt hält sich übrig gebliebener Lachs bis zu 1 Woche im Kühlschrank.

TOASTSTREIFEN MIT SPECK &
★
GEKOCHTEM EI

Kinder lieben es, Toaststreifen in ein weich gekochtes Ei zu stippen. Eigentlich kann man ein perfektes Essen nicht verbessern … aber Frühstücksspeck macht natürlich jedes Essen wie von Zauberhand noch besser. Die Speckbutter kann im Voraus zubereitet und im Kühlschrank aufbewahrt werden.

 2 Portionen

 10 Minuten

2 Scheiben durchwachsener
   Räucherspeck
2 Eier
25 g weiche Butter
2 Scheiben Kastenweißbrot oder
   Malz-Mehrkornbrot
frisch gemahlener schwarzer
   Pfeffer

Einen Topf mit Wasser zum Kochen bringen und den Backofengrill vorheizen. Den Speck auf einem mit Alufolie ausgelegten Backblech unter dem Grill sehr kross grillen, dabei einmal wenden. Aus dem Ofen nehmen und zum Abkühlen beiseitestellen.

Die Eier vorsichtig ins kochende Wasser gleiten und 5 ½ Minuten köcheln lassen.

Inzwischen den abgekühlten Speck fein hacken. Die Butter in einer Schüssel cremig rühren, dann die Speckstückchen und etwas schwarzen Pfeffer unterrühren. Das Brot unter den Grill legen und von beiden Seiten rösten, dann noch warm mit der Speckbutter bestreichen und in Streifen schneiden.

Sobald die Eier gar sind, aus dem Wasser nehmen, abschrecken und in Eierbechern mit den Toaststreifen servieren.

HUEVOS

★

RANCHEROS

Nur ein sehr erfahrener Cowboy könnte wohl Huevos rancheros über dem Lagerfeuer zubereiten, aber der Geist des Wilden Westens sorgt auf jeden Fall für einen fantastischen Start in den Tag.

 4 Portionen

🕐 25 Minuten

125 g Chorizo, gewürfelt
1 rote Zwiebel, in dünne Ringe
　geschnitten
2 Knoblauchzehen, zerdrückt
1 Dose Kirschtomaten (400 g)
1 EL Jalapeños in Scheiben aus
　dem Glas, fein gehackt
1 TL geräuchertes Paprikapulver
2 TL Rotweinessig
4 EL Sonnenblumenöl
1 Dose schwarze Bohnen (400 g),
　abgetropft und abgespült
4 kleine Weizentortillas
4 Eier
1 reife Avocado
1 große Handvoll Koriandergrün
4 EL Schmand (nach Belieben)
Salz und frisch gemahlener
　schwarzer Pfeffer

Den Backofen auf 180 °C (Umluft) vorheizen. Die Chorizowürfel bei mittlerer Hitze 5 Minuten in der Pfanne braten, bis das Öl ausgetreten ist und sie kross werden. Herausnehmen und beiseitestellen. Die Pfanne wieder auf den Herd stellen, die Zwiebelringe hineingeben und 5 Minuten andünsten. Eine zerdrückte Knoblauchzehe zufügen und 30 Sekunden mitbraten. Dann Tomaten, Jalapeños, Paprikapulver und Essig zugeben. Salzen und pfeffern, aufkochen lassen und etwa 8 Minuten sanft köcheln lassen, bis die Sauce dick eingekocht ist. Die gebratene Chorizo unterrühren und beiseitestellen.

In einer zweiten Pfanne 1 ½ EL Öl sehr heiß werden lassen, die Bohnen hineingeben und 5 Minuten bei starker Hitze braten. Den restlichen Knoblauch unterrühren und 1 Minute weiterbraten. Mit Salz abschmecken und beiseitestellen. Die Tortillas mit 1 ½ EL Öl von beiden Seiten bestreichen. Nebeneinander auf ein Backblech legen und 6–8 Minuten knusprig backen.

Das restliche Öl in einer Pfanne erhitzen und vier Spiegeleier braten braten. Einige Löffel Tomatensauce auf den Tortillas verteilen und mit den Bohnen und je einem Spiegelei belegen. Die Avocado halbieren, den Kern auslösen, das Fruchtfleisch herausheben und in dünne Scheiben schneiden, auf den Tortillas verteilen und mit Koriander garnieren. Nach Belieben mit Schmand servieren.

ENGLISCHES

FRÜHSTÜCK

Das Schöne am klassischen englischen Frühstück sind seine unendlichen Variationsmöglichkeiten. Die Zutaten für den Belag aus der Pfanne können Sie nach Lust und Laune jedes Mal neu kombinieren.

 4 Portionen

 30 Minuten

4 Chipolata oder andere kleine Bratwürstchen
4 Scheiben durchwachsener Räucherspeck
8 Kirschtomaten
1 EL Olivenöl
200 g Champignons, je nach Größe halbiert oder geviertelt
1 Knoblauchzehe, zerdrückt
einige Rosmarinzweige, Nadeln abgezupft und fein gehackt
1 großes Stückchen Butter zzgl. etwas zum Bestreichen
5 Eier
½ Baguette
Salz und frisch gemahlener schwarzer Pfeffer

Den Backofen auf 180 °C (Umluft) vorheizen. Die Würstchen auf ein tiefes Backblech mit Rand legen und 8 Minuten im Ofen braten. Die Speckscheiben dazulegen und weitere 15–20 Minuten in den Backofen schieben, bis die Würstchen gebräunt sind und der Speck kross ist (Achtung! Der Speck wird schnell schwarz!). Während der Garzeit einmal wenden. 6 Minuten vor Ende der Garzeit die Tomaten mit aufs Blech geben, dabei leicht rütteln, um sie mit dem ausgelassenen Fett zu benetzen.

Inzwischen das Öl in einer Pfanne erhitzen, die Pilze hineingeben und in 5–8 Minuten weich braten. Knoblauch und Rosmarin dazugeben, mit Salz und Pfeffer abschmecken, alles umrühren und 1 Minute weiterbraten.

Für das Rührei die Butter in einer Pfanne erhitzen. Die Eier in einen Rührbecher aufschlagen, würzen und leicht mit einer Gabel verquirlen. In die Pfanne gießen und unter Rühren braten, bis die Masse stockt, aber noch cremig ist. Beiseitestellen.

Das Baguette längs und quer halbieren, sodass vier Stücke entstehen. Das Brot toasten und großzügig buttern. Das Rührei über den Toast löffeln und mit den Pilzen, einer Scheibe Speck, einem Würstchen und einigen gerösteten Tomaten belegen.

TÜRKISCHE EIER

Türkische Chiliflocken sind mild, aber herrlich aromatisch. Da sie sich außerdem lange halten, sollten Sie unbedingt eine Tüte für den Vorrat mitnehmen, wenn Sie das nächste Mal an einem türkischen Geschäft vorbeikommen.

 2 Portionen

 10 Minuten

150 g griechischer Joghurt
½ kleine Knoblauchzehe, zerdrückt
2 große Scheiben Weizenbrot mit Mohn
35 g Butter
1 geh. TL Pul Biber (türkische Chiliflocken)
6 kleine Salbeiblätter
2 Eier
grobes Meersalz

Einen Topf mit Wasser zum Kochen bringen und die Hitze reduzieren, bis das Wasser nur noch leicht siedet. Inzwischen den Joghurt in eine Schüssel geben, Knoblauch und reichlich Salz zufügen und alles gründlich verrühren. Das Brot toasten.

Die Butter in einer kleinen Pfanne zerlassen. Sobald die Butter aufschäumt, die Chiliflocken einrühren, dann die Salbeiblätter zufügen und etwa 30 Sekunden mitbraten.

Die Eier in zwei separaten Schüsseln aufschlagen. Das siedende Wasser mit einem Schaumlöffel leicht in Bewegung bringen. Die Eier vorsichtig hineingleiten lassen und 2–3 Minuten pochieren.

Etwas Chili-Salbei-Butter auf jede Toastscheibe träufeln. Den Joghurt auf den Brotscheiben verteilen und mit dem Löffelrücken eine Vertiefung hineindrücken. Die Eier mit einem Schaumlöffel aus dem Wasser heben, abtropfen lassen und in die Vertiefung im Joghurt setzen. Mit Chili-Salbei-Butter beträufeln und sofort servieren.

PA AMB

★

TOMÀQUET

Dieses einfache spanische Frühstück lässt sich auch gut als raffinierte Tapa servieren. Aber Vorsicht: Roher Knoblauch ist höllisch scharf! Und nach dem Genuss sollte der Abschiedskuss vielleicht etwas kürzer ausfallen, bevor Sie sich auf den Weg zur Arbeit machen.

 4 Portionen

 5 Minuten

8 Scheiben Sauerteigbrot, Baguette
    oder Ciabatta
2 Knoblauchzehen, halbiert
4 reife, saftige Tomaten
natives Olivenöl extra zum
    Beträufeln
4 Scheiben Serrano- oder Ibérico-
    schinken (nach Belieben)
4 dünne Scheiben Manchego
    (nach Belieben)
grobes Meersalz

Das Brot toasten und die noch warmen Scheiben leicht mit der Schnittseite einer halben Knoblauchzehe abreiben. Die Tomaten halbieren und jede Toastscheibe so mit einer Hälfte abreiben, sodass sich das Innere der Tomate größtenteils auf dem Brot verteilt und nur die Haut übrig bleibt. Mit reichlich Öl beträufeln und mit Meersalz bestreuen. Nach Belieben mit Schinken und Manchego belegen oder pur genießen.

EI IM

★

KÖRBCHEN

Auf der ganzen Welt übertrumpfen sich Kinder mit fantasie-
vollen Namen für dieses einfache Frühstück. „Ei im Körbchen" und „Ochse guckt durchs Loch" sind nur zwei davon.
Das Eigelb sollte weich bleiben, damit man die Toastränder
abschneiden und hineintunken kann.

 1 Portion

 8 Minuten

1 Scheibe Kastenweißbrot
1 großes Stück Butter
1 Ei
1 Klecks Tomatenketchup
Salz und frisch gemahlener
    schwarzer Pfeffer

Mit einem Plätzchenausstecher oder Glas (ø 7 cm)
ein Loch aus der Brotscheibe ausstechen.

Die Hälfte der Butter bei schwacher Hitze in der
Pfanne zerlassen. Sobald die Butter schäumt, das
Brot und den ausgestochenen Kreis hineinlegen und
2–3 Minuten goldbraun braten. Das Brot wenden
und die restliche Butter in die Pfanne geben. Das Ei
in das Loch im Brot aufschlagen und etwa 3 Minuten mitbraten, bis es gestockt ist, dabei für die
letzte Minute der Garzeit einen Deckel aufsetzen.

Auf einen Teller heben, etwas Pfeffer darübermahlen
und mit Salz bestreuen. Mit dem ausgestochenen
Brotkreis und Ketchup servieren.

RÜHREI

★

PIPERADE

Piperade ist ein üppiges baskisches Schmorgericht mit Paprika und Tomaten. Mit dem Chilipulver Piment d'Espelette, das auch aus dem Baskenland kommt, schmeckt es besonders aromatisch. Wer es gerne etwas schärfer mag, kann die Piperade auch mit etwas Chilisauce aufpeppen.

 4 Portionen

🕐 30 Minuten

4 Scheiben Bayonne- oder
  Parmaschinken
3 EL Olivenöl
2 Paprika (rot und gelb),
  in feine Streifen geschnitten
1 Knoblauchzehe, zerdrückt
150 g Tomaten, grob gehackt
5 Frühlingszwiebeln, in dünne
  Scheiben geschnitten
4 Scheiben Brot mit ganzen
  Körnern oder Malz-
  Mehrkornbrot
8 Eier
weiche Butter zum Bestreichen
Salz
frisch gemahlener schwarzer
  Pfeffer oder Piment d'Espelette

Eine große Bratpfanne heiß werden lassen und den Schinken bei mittlerer bis starker Hitze ohne Öl von beiden Seiten sehr kross braten. Aus der Pfanne nehmen und beiseitestellen. Das Öl in dieselbe Pfanne gießen, die Paprikastreifen hineingeben und etwa 6 Minuten weich braten. Den Knoblauch zufügen, gut umrühren und die Tomaten dazugeben. Alles 5 Minuten weiterbraten, bis die Tomaten weich sind und der Großteil der Flüssigkeit verdampft ist. Mit Salz und Pfeffer würzen und die Frühlingszwiebeln zufügen.

Inzwischen das Brot toasten. Die Eier in einen Rührbecher schlagen, mit Salz und Pfeffer würzen und leicht verrühren. Die Paprikastreifen an die Seite der Pfanne schieben und die Eier hineingießen. Unter Rühren sanft braten wie Rührei, bis die Masse stockt, aber noch cremig ist. Die Paprikastreifen unterrühren und 1 Minute in der Pfanne ruhen lassen. Den Toast buttern und das Rührei darauf verteilen. Schwarzen Pfeffer oder Piment d'Espelette darübermahlen, dann die Schinkenscheiben halbiert auf den Toasts verteilen.

EGGS

BENEDICT

Ein beliebtes Frühstück in schicken Hotelrestaurants. Das Beste daran ist die göttliche Mischung von Eigelb und Sauce hollandaise, die den Speck verfeinert und den Toast durchdringt. Hilft übrigens auch gegen den stärksten Kater!

 2 Portionen

 20 Minuten

2 Eigelb
100 g kalte Butter, gewürfelt, zzgl. etwas zum Bestreichen
1 EL Zitronensaft
6 Scheiben durchwachsener Räucherspeck
2 Eier
2 Scheiben Kastenweißbrot
Salz und frisch gemahlener schwarzer Pfeffer

Einen großen Topf mit Wasser zum Kochen bringen und den Backofengrill vorheizen.

Für die Sauce hollandaise die Eigelbe und kalte Butter mit 1 EL kaltem Wasser in einen Topf geben. Bei sehr schwacher Hitze mit dem Schneebesen verrühren. Etwa 8–10 Minuten kräftig weiterrühren, bis die Butter schmilzt und die Sauce eindickt. Sobald die Sauce dick und glänzend ist, vom Herd nehmen. Mit Salz und Pfeffer würzen und den Zitronensaft unterrühren, den Topf zugedeckt an einen warmen Ort stellen.

Den Räucherspeck auf ein mit Alufolie ausgelegtes Backblech legen und unter dem Grill kross braten, dabei einmal wenden. Inzwischen die beiden Eier in getrennte Tassen aufschlagen. Das siedende Wasser mit einem Schaumlöffel leicht in Bewegung bringen und die Eier hineingleiten lassen. 2–3 Minuten pochieren, dann mit dem Schaumlöffel herausnehmen.

Während die Eier garen, das Brot toasten und großzügig buttern. Jede gebutterte Toastscheibe mit drei krossen Speckscheiben und einem pochierten Ei belegen, dann die warme Sauce hollandaise darüberlöffeln und etwas schwarzen Pfeffer darübermahlen.

EGGS

ROYALE

Nehmen Sie den Räucherlachs einige Minuten vor der Zubereitung aus dem Kühlschrank und lassen Sie ihn Raumtemperatur annehmen – so kommen Aroma und seidige Konsistenz am besten zur Geltung.

 2 Portionen

 20 Minuten

2 Eigelb
125 g kalte Butter, gewürfelt, zzgl. etwas zum Braten und Bestreichen
1 EL Zitronensaft
2 Eier
100 g frischer Spinat, harte Stängel entfernt
2 Scheiben Dinkelbrot
85 g Räucherlachs
einige Petersilienblätter, grob gehackt
Salz und frisch gemahlener schwarzer Pfeffer

Einen großen Topf mit Wasser zum Kochen bringen und den Backofengrill vorheizen.

Für die Sauce hollandaise die Eigelbe und kalte Butter mit 1 EL kaltem Wasser in einen Topf geben. Bei sehr schwacher Hitze mit dem Schneebesen verrühren. Etwa 8–10 Minuten kräftig weiterrühren, bis die Butter schmilzt und die Sauce eindickt. Sobald die Sauce dick und glänzend ist, vom Herd nehmen. Mit Salz und Pfeffer würzen und den Zitronensaft unterrühren, den Topf zugedeckt an einen warmen Ort stellen.

Die beiden Eier in zwei Tassen aufschlagen. Das siedende Wasser mit einem Schaumlöffel leicht in Bewegung bringen und die Eier hineingleiten lassen. 2–3 Minuten pochieren, dann mit dem Schaumlöffel herausnehmen.

Während die Eier garen, etwas Butter in einer Bratpfanne erhitzen. Den Spinat hineingeben, mit Salz und Pfeffer abschmecken und wenden, bis er gerade zusammenfällt. Das Brot toasten und großzügig buttern.

Den Spinat abgetropft auf den Toastscheiben verteilen und mit dem Räucherlachs belegen. Auf jeden Toast ein pochiertes Ei legen und die warme Sauce hollandaise darüberlöffeln. Mit gehackter Petersilie garnieren.

EGGS

FLORENTINE

Damit diese vegetarische Variante richtig unwiderstehlich schmeckt, achten Sie besonders auf die Zubereitung des Spinats. Er sollte nur ganz leicht zusammengefallen sein.

 2 Portionen

 20 Minuten

2 Eigelb
125 g kalte Butter, gewürfelt, zzgl. etwas zum Braten und Bestreichen
1 EL Zitronensaft
2 Eier
150 g frischer Spinat, harte Stängel entfernt
frisch geriebene Muskatnuss
2 Scheiben Roggenbrot
1 EL Schnittlauchröllchen
Salz und frisch gemahlener schwarzer Pfeffer

Einen großen Topf mit Wasser zum Kochen bringen und den Backofengrill vorheizen.

Für die Sauce hollandaise die Eigelbe und kalte Butter mit 1 EL kaltem Wasser in einen Topf geben. Bei sehr schwacher Hitze mit dem Schneebesen verrühren. Etwa 8–10 Minuten kräftig weiterrühren, bis die Butter schmilzt und die Sauce eindickt. Sobald die Sauce dick und glänzend ist, vom Herd nehmen. Mit Salz und Pfeffer würzen und den Zitronensaft unterrühren, den Topf zugedeckt an einen warmen Ort stellen.

Die beiden Eier in zwei Tassen aufschlagen. Das siedende Wasser mit einem Schaumlöffel leicht in Bewegung bringen und die Eier hineingleiten lassen. 2–3 Minuten pochieren, dann mit dem Schaumlöffel herausnehmen. Etwas Butter in einer Bratpfanne erhitzen. Den Spinat zufügen, mit Salz und Pfeffer abschmecken und etwas Muskatnuss darübermahlen, dann wenden, bis er gerade zusammenfällt. Das Brot toasten und großzügig buttern.

Den Spinat abgetropft auf den Toastscheiben verteilen und je ein pochiertes Ei darauflegen. Die warme Sauce hollandaise darüberlöffeln und mit Schnittlauchröllchen bestreuen.

SCHELLFISCH

★

SPINAT & WACHTELEIER

Weich gekochte Eier und kräftiger geräucherter Schellfisch
sind die Hauptaromen in dem beliebten britischen Gericht
Kedgeree. Spinat, in Currybutter leicht angebraten, bildet
hier einen sehr harmonischen Hintergrund.

 4 Portionen

 20 Minuten

8 Wachteleier
400 ml Milch
1 Lorbeerblatt
6 Pfefferkörner
1 Zwiebel, geschält und halbiert
385 g geräuchertes Schellfischfilet
35 g Butter zzgl. etwas zum
  Bestreichen
1 TL gemahlener Koriander
1 TL Garam Masala
½ geh. TL Currypulver
300 g frischer Spinat, harte
  Stängel entfernt
4 Scheiben Vollkornbrot
Salz und frisch gemahlener
  schwarzer Pfeffer

Einen kleinen Topf mit Wasser zum Kochen bringen.
Die Wachteleier hineingeben und 2 ½ Minuten
köcheln lassen, dann in eiskaltem Wasser abschrecken.
Nach dem Abkühlen vorsichtig pellen.

In einem zweiten Topf die Milch mit Lorbeerblatt,
Pfefferkörnern und Zwiebel erhitzen. Wenn die
Milch siedet, vorsichtig den Schellfisch hineinge-
ben – er sollte bedeckt sein, daher ggf. mit heißem
Wasser auffüllen. Den Herd ausschalten und 8 Minu-
ten pochieren, dann den Fisch herausnehmen.

Die Butter in einer großen Pfanne zerlassen, die
Gewürze hineingeben und unter Rühren 2 Minuten
braten. Den Spinat zufügen, mit Salz und Pfeffer
abschmecken und umrühren, bis er gerade zusammenfällt, aber seine Form noch beibehält.

Das Brot toasten und großzügig buttern. Den Spinat
abgetropft darauf verteilen, den Schellfisch mit den
Händen zerteilen, dabei die Haut entfernen, und
den Fisch auf den Spinat legen. Die Wachteleier
halbieren und auf den Toastscheiben verteilen, dann
etwas schwarzen Pfeffer darübermahlen.

BUTTER AUS

SONNENBLUMENKERNEN

Erdnüsse sind eigentlich keine Nüsse, sondern Samen und enthalten viel Eiweiß. Durch Rösten und Mahlen lässt sich daraus eine streichfähige Erdnussbutter herstellen. Viele andere Samen können hierfür auch verwendet werden. In diesem Fall verstärkt gesunder Agavendicksaft das süßliche Aroma von Sonnenblumenkernen. Eine Prise Salz unterstreicht die Süße noch.

 1 Schraubglas à 300 g

 35 Minuten

280 g Sonnenblumenkerne
2 EL Olivenöl
1 EL Agavendicksaft
4 Scheiben Mehrkornbrot
grobes Meersalz

Den Backofen auf 160 °C (Umluft) vorheizen. Die Sonnenblumenkerne auf einem tiefen Backblech verteilen und 20–25 Minuten im Ofen kräftig goldbraun rösten, dabei das Blech gelegentlich rütteln. Etwas abkühlen lassen, dann in einen Multizerkleinerer füllen.

Die Kerne so lange pürieren, bis eine streichfähige Masse entsteht – das kann bis zu 10 Minuten dauern. Dabei die Sonnenblumenbutter immer wieder von den Schüsselwänden nach unten schaben. Öl, Agavendicksaft und einige kräftige Prisen Salz zufügen und alles mischen. Die Butter probieren, nach Bedarf noch Agavendicksaft und/oder Salz zufügen und erneut mischen. In ein Schraubglas füllen und vollständig abkühlen lassen. In einem luftdichten Schraubglas hält sich die Sonnenblumenbutter im Kühlschrank bis zu 2 Wochen.

Das Brot toasten und großzügig mit der Sonnenblumenbutter bestreichen.

RÄUCHERLACHS

★

IM KÖRBCHEN

Wer sagt, dass Toast immer flach sein muss? Wenn man das Brot auf beiden Seiten buttert und in ein Muffinblech drückt, entstehen Körbchen, halb getoastet, halb gebraten, die sich mit verschiedenen Zutaten füllen lassen. In diesem Fall wird daraus ein deftiges Frühstück zum Mitnehmen.

 6 Portionen

 35 Minuten

6 Scheiben weißer Sandwich-Toast
75 g Butter, zerlassen
100 g Räucherlachs
2 EL Crème double
6 Eier
3 dünne grüne Spargelstangen
frisch gemahlener schwarzer
   Pfeffer

Den Backofen auf 160 °C (Umluft) vorheizen. Von jeder Brotscheibe die Rinde abschneiden und beide Seiten mit zerlassener Butter bestreichen. Die Scheiben sorgfältig in die sechs Vertiefungen eines Muffinblechs drücken. Das Brot 8–10 Minuten leicht kross backen, dann aus dem Ofen nehmen.

Den Räucherlachs so auf den Toastkörbchen verteilen, dass er den Boden bedeckt und mindestens bis zur halben Höhe der Seiten reicht. 1 TL Crème double in jedes Körbchen geben und ein Ei hineinschlagen. (Bei großen Eiern eventuell vorher etwas Eiweiß entfernen, es ist jedoch nicht schlimm, wenn es etwas überläuft.) Mit einem scharfen Messer die Spargelstangen in dünne Streifen schneiden und auf die Körbchen verteilen, dabei um die Eier herum an den Rand drücken. Mit der restlichen Butter beträufeln und 15–20 Minuten backen, je nachdem, wie fest die Eier werden sollen.

Aus dem Ofen nehmen und kurz abkühlen lassen, dann die Körbchen mit einem Messer vorsichtig aus den Vertiefungen lösen. Vor dem Servieren 1 kräftige Prise schwarzen Pfeffer über die Körbchen mahlen.

SCHOKOCREME &

★

FRISCHKÄSE

Dieses Rezept reicht für ein großes Glas Schokoladencreme.
Für diese Toasts brauchen Sie nicht alles; die Creme hält
sich jedoch bis zu zwei Wochen lang im Kühlschrank.

 4 Portionen

 30 Minuten
zzgl. Abkühlzeit

250 g Haselnüsse
75 g Zartbitterschokolade,
   grob gehackt
75 g Vollmilchschokolade,
   grob gehackt
1 EL Kakaopulver
75 g Puderzucker
1 TL Vanilleextrakt
1 Prise Salz
4 Scheiben Vollkornbrot
175 g Frischkäse

Den Backofen auf 160 °C (Umluft) vorheizen.
Die Nüsse auf einem Backblech verteilen und
15 Minuten im Ofen goldbraun rösten, dabei das
Blech gelegentlich rütteln. Die gerösteten Nüsse
etwas abkühlen lassen, davon dann 200 g in einen
Multizerkleinerer füllen.

Inzwischen beide Schokoladensorten in eine Schüssel geben und über dem Wasserbad schmelzen.
Abkühlen lassen.

Die Nüsse im Multizerkleinerer zu einer Paste verarbeiten. Kakaopulver und Puderzucker hineinsieben,
dann die abgekühlte geschmolzene Schokolade,
Vanilleextrakt und 1 kräftige Prise Salz zufügen.
Ca. 10 Minuten alles glatt pürieren, dabei die Masse
immer wieder von den Schüsselwänden nach unten
schaben. In ein Schraubglas füllen und vollständig
abkühlen und etwas fester werden lassen.

Das Brot toasten und dick mit Frischkäse bestreichen.
Mehrere Löffel Schokocreme darauf verteilen, dann
die restlichen gerösteten Haselnüsse grob hacken
und den Toast damit bestreuen.

ARME RITTER MIT
★
BEEREN & MASCARPONE

Brioche ist ein süßes, mit Ei verfeinertes Brot, das sich ideal für Arme Ritter eignet und auch gut zu kühlem, glattem Frischkäse passt. Da die Grundlage schon sehr reichhaltig und cremig ist, sollte das Beerenkompott ausreichend Säure liefern – verwenden Sie also nicht übermäßig viel Zucker.

 4 Portionen

 25 Minuten

6 Scheiben Brioche,
   diagonal halbiert
3 große Eier
100 ml Milch
1 TL Vanillepaste oder
   Vanilleextrakt
½ TL Zimt
300 g gemischte Beeren,
   z.B. Heidelbeeren, Himbeeren
   und Brombeeren
1 EL Puderzucker zzgl. etwas zum
   Bestäuben
50 g Butter
100 g Feinzucker
4 EL Mascarpone
4 EL Ahornsirup
1 Prise Salz

Die Briochescheiben in eine große flache Schale legen. In einer Schüssel Eier, Milch, Vanillepaste, Zimt und 1 Prise Salz mit dem Schneebesen verrühren. Die Mischung über die Brotscheiben gießen und auf jeder Seite 5 Minuten einweichen.

Inzwischen die Hälfte der Beeren in einen Topf geben, mit 1 EL Puderzucker bestreuen und einen Schuss Wasser zufügen. Bei schwacher Hitze etwa 4 Minuten garen, bis der Beerensaft ausgetreten ist. Die weichen Beeren mit einer Gabel zerdrücken, dann die restlichen Beeren unterrühren und beiseitestellen.

Die Hälfte der Butter bei mittlerer Hitze in eine Bratpfanne geben. Sechs der eingeweichten Briochescheiben großzügig mit Zucker bestreuen. Mit der Zuckerseite nach unten in die Pfanne legen und 2–3 Minuten goldbraun braten. Die andere Seite großzügig mit Zucker bestreuen und die Scheiben wenden. Weitere 2–3 Minuten braten. Mit den restlichen Briochescheiben ebenso verfahren. Auf jeden Teller drei Arme Ritter stapeln, etwas Beerenkompott darauf verteilen und einen Löffel Mascarpone daraufsetzen. Mit Ahornsirup beträufeln und mit Puderzucker bestäuben.

BRIOCHE MIT
★
PFIRSICH & SAHNE

Im Supermarkt findet man oft schöne reife Pfirsiche. Wenn man sie in Honig wendet und im Ofen an den Rändern leicht braun werden lässt, verstärkt das die Aromen um ein Vielfaches.

2 Portionen

25 Minuten

2 große Pfirsiche oder Nektarinen
2 EL flüssiger Honig
½ EL Rohrohrzucker
4 Scheiben Brioche
Butter zum Bestreichen
2 geh. EL Clotted cream
1 geh. EL Pistazien, grob gehackt

Den Backofen auf 180 °C (Umluft) vorheizen. Die Pfirsiche vierteln, dabei den Stein entfernen. In eine flache, mit Backpapier ausgelegte Backform legen. Mit Honig beträufeln und mit Zucker bestreuen. 15–20 Minuten im Ofen garen, bis die Pfirsiche weich und an den Rändern leicht braun sind. Etwas abkühlen lassen.

Die Briochescheiben toasten und großzügig buttern. Mit den Pfirsichvierteln belegen und die Garflüssigkeit darüberträufeln. Mit 1 EL Clotted cream garnieren und mit Pistazien bestreuen.

KOKOSCREME

★

BANANEN & PEKANNÜSSE

Jeder weiß, dass eine Banane ein vollwertiges, sättigendes
Frühstück darstellt. Durch Karamellisieren erreicht sie
jedoch ganz neue kulinarische Höhen. Bereiten Sie von den
in Ahornsirup kandierten Pekannüssen ruhig mehr zu, als
Sie brauchen, dann haben Sie jederzeit einen herrlichen
Snack zur Hand.

 2 Portionen

 15 Minuten zzgl. Kühlzeit
über Nacht

1 Dose Kokosmilch (400 g),
    (mindestens 70 % Kokosextrakt)
25 g Kokoschips
1 großes Stück Butter zzgl. etwas
    zum Bestreichen
1 EL Feinzucker
2 Bananen
25 g Pekannüsse
2 EL Ahornsirup
4 Scheiben Kastenweißbrot

Am Vorabend die Dose Kokosmilch in den Kühlschrank stellen.

Die Kokoschips ohne Fett in einer Pfanne bei
schwacher Hitze rösten, bis sie braun sind, dabei
die Pfanne gelegentlich rütteln. In eine Schüssel
geben und beiseitestellen.

Die Kokosmilch aus dem Kühlschrank nehmen. Die
feste Kokoscremeschicht aus der Dose löffeln und
in eine Schüssel geben. Mit dem Handrührgerät
glatt rühren und bis zum Servieren kühl stellen.

Die Butter in der Pfanne schmelzen. Sobald sie
schäumt, den Zucker hineinstreuen und erhitzen,
bis die Mischung goldbraun ist und der Zucker
geschmolzen ist. Bananen und Pekannüsse hineingeben und braten, bis die Bananen leicht karamellisiert sind, aber noch ihre Form haben, dabei
einmal wenden. Den Ahornsirup darübergießen und
1–2 Minuten köcheln lassen.

Inzwischen das Brot toasten, mit Butter bestreichen
und jede Scheibe diagonal halbieren. Mit Bananen-
scheiben und Pekannüssen belegen und mit Ahornsirup beträufeln. Mit einem Klecks Kokoscreme
servieren und mit Kokoschips bestreuen.

TOAST AM
★
MITTAG

ESCALIVADA-

THUNFISCH

Escalivada ist die katalanische Bezeichnung für geröstetes Gemüse. Das Gemüse wird gegrillt und in einer Marinade aufbewahrt, die die Aromen aufnimmt und den Toast damit durchtränkt. Wer es luxuriös mag, nimmt Weißen Thun oder Thunfisch-Bauchfleisch, aber es schmeckt auch mit normalem Thunfisch köstlich.

 4 Portionen

 30 Minuten

2 rote Zwiebeln
2 große Paprika (rot und gelb), mit dem Sparschäler gehäutet
1 kleine Aubergine
1 Glas Weißer Thun in nativem Olivenöl extra (225 g)
10 Kirschtomaten
1 kleine Knoblauchzehe, zerdrückt
1 EL Rotweinessig
4 Scheiben Pain de Campagne
Salz und frisch gemahlener schwarzer Pfeffer

Den Backofengrill auf höchster Stufe vorheizen. Die Zwiebeln grob in Spalten schneiden. Die Paprikas halbieren, Samen entfernen und das Fleisch in breite Streifen schneiden. Die Aubergine quer halbieren und jede Hälfte längs in Spalten schneiden. Das Gemüse auf ein großes, mit Alufolie ausgelegtes Backblech legen. Thunfisch abtropfen lassen, Öl auffangen und 2 EL über das Gemüse geben. Mit Salz und Pfeffer würzen und alles wenden, dann gleichmäßig auf dem Blech verteilen. 10–15 Minuten grillen, bis die Ränder leicht gebräunt sind. Dabei darauf achten, dass das Gemüse nicht zu dunkel wird, und gelegentlich wenden. 4 Minuten vor Ende der Grillzeit die Tomaten zufügen.

Während das Gemüse gart, das Dressing zubereiten. Dazu Knoblauch, aufgefangenes Öl, Essig und etwas Salz und Pfeffer in ein Schraubglas geben und kräftig schütteln. Das fertige Gemüse in eine große Schüssel füllen, das Dressing darübergießen und alles mischen. Einige Minuten zum Abkühlen beiseitestellen, damit die Aromen sich verbinden.

Das Brot toasten. Das Gemüse auf den Toastscheiben verteilen und große Stücke Thunfisch darauflegen.

MOZZARELLA &
★
GRÜNKOHL-PESTO

Wir wissen alle, dass Grünkohl gesund ist … aber
wer hätte gedacht, dass er so lecker sein kann? Das
Geheimnis besteht darin, ihn zu einem kräftigen Kräuter-
pesto zu verarbeiten und mit weichem Büffelmozzarella
zu kombinieren.

 4 Portionen

 15 Minuten

75 g Grünkohlblätter (ohne Stiele)
½ große Knoblauchzehe, fein
   gehackt
abgeriebene Schale von
   ½ unbehandelten Zitrone und
   1 Spritzer Zitronensaft
25 g Parmesan, fein gerieben
25 g Pinienkerne, geröstet
85 ml Rapsöl
1 kleines Ciabatta
2 Büffelmozzarella à 125 g
Salz und frisch gemahlener
   schwarzer Pfeffer

Einen großen Topf mit Wasser zum Kochen bringen
und den Grünkohl darin 2 Minuten blanchieren.
Abtropfen lassen und unter kaltem Wasser abschrecken,
dann das überschüssige Wasser ausdrücken.
Den Grünkohl in einen Multizerkleinerer oder
einen Mörser geben. Knoblauch, Zitronenschale,
Parmesan, Pinienkerne und Salz und Pfeffer zufügen
und alles zu einer groben Paste verarbeiten. Nach
und nach das Rapsöl und zum Schluss einen
Spritzer Zitronensaft dazugeben. Abschmecken
und nach Bedarf mehr Zitronensaft zufügen.

Eine Grillpfanne erhitzen, bis sie sehr heiß ist. Das Ciabatta
einmal längs und einmal quer halbieren, sodass
vier Stücke entstehen. Mit der Schnittseite nach
unten in die Grillpfanne legen und rösten, bis sich
Grillstreifen zeigen, dann wenden und von der anderen
Seite rösten. Auf jede Brotscheibe einen Löffel
Pesto geben. Den Mozzarella in grobe Stücke reißen
und auf die Brote verteilen, dann wieder etwas Pesto
darüberlöffeln und schwarzen Pfeffer darübermahlen.

Übrig gebliebenes Pesto hält sich im Kühlschrank
bis zu 2 Wochen, solange die Oberfläche mit Öl
bedeckt ist.

AVOCADO, TAHINI &

★

KICHERERBSEN

Eine reife Avocado ist genauso reichhaltig wie eine dicke
Schicht Butter, aber viel gesünder. Ein Dressing aus Tahini
und Kreuzkümmel verfeinert den Belag, der mit knusprig
gerösteten Kichererbsen gekrönt wird.

 4 Portionen

 25 Minuten

1 Dose Kichererbsen (210 g),
   abgetropft und abgespült
1 EL Olivenöl
¼ TL gemahlener Kreuzkümmel
¼ TL geräuchertes Paprikapulver
einige Prisen gemahlener Piment
2 EL Tahini
1 EL Zitronensaft
2 reife Avocados
4 Scheiben Brot mit ganzen
   Körnern oder Roggenbrot
½ kleine rote Zwiebel, fein gehackt
1 Handvoll Chia-, Radieschen-
   oder Alfalfa-Sprossen
einige Dillstängel, grob gehackt
Salz und frisch gemahlener
   schwarzer Pfeffer

Den Backofen auf 180 °C (Umluft) vorheizen. Die
Kichererbsen mit einem sauberen Geschirrtuch
gründlich abtrocknen. Auf einem tiefen Backblech
verteilen und 10 Minuten rösten. Aus dem Ofen
nehmen und mit ½ EL Öl beträufeln. Mit den
Gewürzen bestreuen, mit Salz und Pfeffer würzen
und wenden, bis die Erbsen überall bedeckt sind.
Weitere 10 Minuten rösten, bis sie goldbraun und
knusprig sind. Nach der Hälfte der Garzeit das
Backblech einmal kräftig rütteln.

Inzwischen das Dressing zubereiten. Dazu Tahini,
Zitronensaft, restliches Öl, etwas Salz und 2–3 EL
kaltes Wasser in einer Schüssel zu einem dünnflüssi-
gen, aber nicht zu wässrigen Dressing verrühren.

Die Avocados halbieren, die Kerne auslösen, das
Fruchtfleisch herausheben, in dünne Scheiben
schneiden. Die Brotscheiben toasten. Einen Löffel
Dressing über jede Scheibe löffeln. Mit Avocado-
scheiben, roter Zwiebel, Sprossen und gerösteten
Kichererbsen belegen. Das restliche Dressing
darüberträufeln und mit Dill bestreuen.

PASTE AUS BOHNEN
★
ZITRONE & SALBEI

Weiße Bohnen lassen sich so gut pürieren wie kaum eine andere Zutat, und die glatte Paste bildet die ideale Grundlage für einfache, klare Aromen wie Zitrone und Salbei. Die köstliche Mischung passt auch hervorragend zu Schweinekoteletts. Sie eignet sich zudem, mit oder ohne Koteletts, als Mittel gegen Kater. Aber am besten schmeckt sie auf jeden Fall auf Toast.

 2–4 Portionen

 10 Minuten

1 Dose Cannellini-Bohnen (400 g), abgetropft und abgespült
abgeriebene Schale und Saft von ½ unbehandelten Zitrone
3 EL griechischer Joghurt
1 EL natives Olivenöl extra zzgl. etwas zum Braten
20 kleine Salbeiblätter
½ Baguette
Salz und frisch gemahlener schwarzer Pfeffer

Die abgetropften Bohnen in eine Schüssel geben und mit einer Gabel oder einem Kartoffelstampfer zu einer groben Paste zerdrücken. Alternativ in einem kleinen Multizerkleinerer pürieren, dabei aber wegen der Konsistenz einige ganze Bohnen mit der Hand zerdrücken und unterrühren. Die Zitronenschale bis auf einen kleinen Rest und den Saft, Joghurt und 1 EL Olivenöl zufügen und mit Salz und Pfeffer würzen. Einige Salbeiblätter fein hacken und unter das Bohnenpüree rühren.

Etwas Öl in einer kleinen Bratpfanne auf mittlerer Hitze heiß werden lassen. Die Hälfte der restlichen Salbeiblätter zufügen und 30 Sekunden dunkelgrün und kross braten. Nicht anbrennen lassen! Auf Küchenpapier abtropfen lassen und mit den restlichen Blättern ebenso verfahren.

Den Backofengrill vorheizen. Das Baguette erst längs, dann quer halbieren, sodass vier Stücke entstehen. Das Öl in der Salbeipfanne mit den Schnittflächen des Baguettes aufwischen und die Brotscheiben unter den Grill legen. Bohnenpüree, restliche Zitronenschale, 1 kräftige Prise frisch gemahlenen schwarzen Pfeffer, die krossen Salbeiblätter und eventuelle Ölreste aus der Pfanne auf den Baguettescheiben verteilen.

★

GERÖSTETE TOMATEN

Als Tartine bezeichnen die Franzosen ein belegtes Brot. In dieser raffinierten vegetarischen Variante wird ein dunkles, nussiges Brot mit mildem Ziegenkäse kombiniert. Den Käse aufzuschlagen, ist ein Profitrick, der nicht nur die Konsistenz herrlich leicht macht, sondern auch dafür sorgt, dass es auf dem Brot besonders edel aussieht.

 4 Portionen

 45 Minuten

12 Kirschtomaten, halbiert
1 TL brauner Zucker
1 EL Olivenöl
200 g weicher Ziegenkäse
1 Schuss Milch (nach Belieben)
1 Handvoll Thymianzweige,
    Blättchen abgezupft
4 Scheiben Walnussbrot
2 Handvoll junge Salatblätter
Salz und frisch gemahlener
    schwarzer Pfeffer

Den Backofen auf 160 °C (Umluft) vorheizen und ein Bratblech mit Backpapier auslegen. Die Tomaten mit der Schnittseite nach oben auf das Blech legen. Mit dem Zucker bestreuen und mit Olivenöl beträufeln, salzen und pfeffern und 35–40 Minuten rösten, bis die Tomaten zusammenfallen. Etwas abkühlen lassen.

Während die Tomaten im Ofen sind, den Ziegenkäse in einer Schüssel mit dem Schneebesen zu einer glatten, cremigen, streichfähigen Masse verrühren, dabei etwas Milch zufügen, falls erforderlich. Mit Salz und Pfeffer würzen und den Thymian bis auf ein paar Blättchen unterrühren.

Das Brot toasten und dick mit Ziegenkäse bestreichen. Mit einigen Salatblättern und den Tomaten belegen, etwas Garflüssigkeit darüberträufeln und den restlichen Thymian darüberstreuen.

MINZE & WALNUSS

★

BABA GANOUSH

Das Auberginenpüree Baba Ganoush erinnert nicht im Entferntesten an die schlaffen, fettigen Auberginen, die wir aus lieblos zubereiteten Moussakas kennen. Hier wird die Haut dunkel geröstet, um ihr ein Raucharoma zu verleihen, und das in der Haut gedämpfte Fruchtfleisch bekommt eine seidige Konsistenz. Getoastete Fladenbrote oder Pita bilden eine dünne Unterlage, die mit ihrer festeren Konsistenz den Belag gut ergänzt.

 6 Portionen

 50 Minuten

3 Auberginen
2 geh. EL Tahini
Saft von ½ Zitrone
2 Knoblauchzehen, zerdrückt
2 EL Olivenöl zzgl. etwas zum Beträufeln
½ TL Chiliflocken (z.B. Pul Biber) zzgl. einige Prisen extra
1 große Handvoll Minzeblätter, grob gehackt, zzgl. einige Blätter extra
6 Pita- oder kleine Fladenbrote
50 g Walnusskerne, geröstet
Salz und frisch gemahlener schwarzer Pfeffer

Die Haut der Auberginen mehrmals mit einer Gabel einstechen, dann direkt über die Flamme eines Gasherds halten. So lange rösten, bis die Haut dunkel, fast schwarz und das Fleisch ganz weich ist, dabei mit einer Grillzange gelegentlich wenden. Der Vorgang dauert etwa 15 Minuten. (Sie können die Auberginen auch unter dem Backofengrill rösten, das dauert jedoch etwas länger.) Die Auberginen vom Herd nehmen und etwas abkühlen lassen. Die Haut abziehen und das Fruchtfleisch in ein Sieb über einer Schüssel geben. 30 Minuten abtropfen und vollständig auskühlen lassen.

Das Auberginenfleisch in eine Schüssel füllen und Tahini, Zitronensaft, Knoblauch, Öl, Chiliflocken und Minze zufügen. Großzügig mit Salz und Pfeffer würzen und alles verrühren. Das Pita- oder Fladenbrot toasten und die Auberginenpaste darauflöffeln. Die gerösteten Walnüsse grob hacken und darüberstreuen. Mit Chiliflocken und Minzeblättern bestreuen und mit Öl beträufeln.

BLAUSCHIMMELKÄSE

★

FEIGEN & PARMASCHINKEN

Reife Feigen sind fast schon unverschämt süß. Zusammen
mit dem salzigen Schinken und dem cremigen Käse
schmecken sie ganz einfach himmlisch.

 4 Portionen

 25 Minuten

10 Babyfeigen
½ TL brauner Rohrzucker
2 TL flüssiger Honig
etwas natives Olivenöl extra
4 Scheiben Roggenbrot
140 g weicher Blauschimmelkäse,
   z. B. Saint Agur oder Roquefort,
   in Scheiben geschnitten
4 Scheiben Parmaschinken
1 EL guter Balsamessig

Den Backofen auf 160 °C (Umluft) vorheizen. Die
Feigen durch den Stiel halbieren und mit der
Schnittseite nach oben auf ein mit Backpapier
ausgelegtes Backblech legen. Den Zucker darüberstreuen, mit Honig und Öl beträufeln und 20 Minuten
rösten, bis die Feigen saftig und klebrig sind.

Anschließend das Brot toasten und mit etwas
Garflüssigkeit vom Backblech beträufeln. Mit
Blauschimmelkäse und Parmaschinken belegen und
die Feigen auf den Toastscheiben verteilen. Den
restlichen Feigensaft und zum Schluss den Balsamessig darüberträufeln.

★

KATALANISCHER SPINAT

Mit der süß-sauren Kombination aus Honig und Essig
hat sich die maurische Küche in dieser katalanischen
Spezialität verewigt. Aber das Highlight ist eindeutig die
fast seidige Konsistenz des jungen Spinats. Der ideale
Toast, wenn die warme Luft sich an einem kühlen Glas
Manzanilla Sherry niederschlägt.

 2 Portionen

 10 Minuten

1 EL natives Olivenöl extra zzgl.
  etwas zum Beträufeln
1 Knoblauchzehe, in dünne
  Scheiben geschnitten
1 Schalotte, fein gehackt
2 EL große Rosinen
1 EL Pinienkerne
2 dicke Scheiben Sauerteigbrot
160 g frischer, junger Spinat
1 Schuss Sherryessig
etwas flüssiger Honig
Salz und frisch gemahlener
  schwarzer Pfeffer

Das Öl in einer großen Pfanne erhitzen, den Knoblauch hineingeben und sanft anbräunen. Mit einem
Schaumlöffel herausnehmen und wegwerfen. Die
Schalotte in die Pfanne geben und etwa 5 Minuten
weich braten, dann Rosinen und Pinienkerne
zufügen und einige Minuten mitbraten.

Inzwischen die Brotscheiben auf beiden Seiten mit
Öl beträufeln, unter den Backofengrill oder in eine
Grillpfanne legen und von beiden Seiten rösten.

Den Spinat zu den Rosinen und Pinienkernen
in die Pfanne geben und wenden, bis er gerade
zusammenfällt. Kräftig salzen und pfeffern, dann
einen Schuss Essig und etwas Honig zufügen. Alles
vermengen. Den Spinat auf den heißen, gerösteten
Brotscheiben verteilen und mit zusätzlichem Öl
beträufeln.

SPARGEL & PECORINO

Frische junge Spargelstangen sind besonders köstlich, wenn
nach einem langen Winter endlich der Frühling beginnt.
Pecorino sorgt für eine salzige Note, und die weich gekochten
Eier liefern ganz von selbst eine cremige Sauce dazu.

 2 Portionen

 15 Minuten

2 Eier
2 Scheiben Weizenbrot mit Mohn
12–16 dünne grüne Spargelstangen, die harten Enden
   abgeschnitten
1 EL natives Olivenöl extra
15 g Pecorino
1 kleine Handvoll Basilikumblätter
Salz und frisch gemahlener
   schwarzer Pfeffer

Einen Topf mit Wasser zum Kochen bringen. Die
Eier vorsichtig hineingleiten lassen und 6 ½ Minuten kochen. Die Eier mit einem Schaumlöffel
herausnehmen und in eiskaltes Wasser legen.
Beiseitestellen.

Inzwischen eine Grillpfanne oder den Backofengrill
vorheizen. Das Brot von beiden Seiten rösten,
dann auf Teller legen und beiseitestellen. Die
Spargelstangen in ½ EL Öl wenden und mit Salz
und Pfeffer würzen. In der Grillpfanne oder unter
dem Grill etwa 2 Minuten grillen, bis sie weich,
aber noch bissfest sind und Grillstreifen haben,
dabei mehrmals wenden. Die Eier pellen und längs
halbieren.

Die Toastscheiben mit dem restlichen Öl beträufeln. Den Spargel auf die Brote verteilen und die
Eihälften darauflegen. Den Pecorino darüberhobeln,
mit Basilikumblättern bestreuen und schwarzen
Pfeffer darübermahlen.

THYMIANBUTTER &
★
GEMISCHTE PILZE

Pilze verlieren beim Braten viel Wasser und können dadurch die köstliche zerlassene Butter und das Thymianaroma umso besser aufnehmen. Lassen Sie nichts von dem herrlichen Saft in der Pfanne!

1 Portion

20 Minuten

1 großes Stück Butter zzgl. etwas zum Bestreichen
1 Schalotte, in dünne Scheiben geschnitten
140 g gemischte Pilze, z.B. braune Champignons, Portobellos, Shiitake oder Austernpilze
1 Knoblauchzehe, zerdrückt
½ TL grüne Pfefferkörner in Salzlake, abgetropft und grob gehackt (nach Belieben)
2 Zitronenthymianzweige, die Blättchen abgezupft, zzgl. einige Blättchen zum Servieren
1 Scheibe Kastenweißbrot
Salz

Die Butter in einer großen Pfanne bei schwacher Hitze zerlassen. Sobald sie schäumt, die Schalotte hineingeben und 3–4 Minuten unter gelegentlichem Rühren weich braten.

Die Pilze je nach Größe halbieren oder vierteln. Die Hitze erhöhen und die Pilze in die Pfanne geben. Falls erforderlich, noch etwas Butter zufügen. Unter Rühren 8–10 Minuten braten, bis die Pilze weich und leicht gebräunt sind, ihre Form jedoch noch beibehalten. Knoblauch und nach Belieben Pfefferkörner in die Pfanne geben und 2 Minuten mitbraten. Die Thymianblättchen unterrühren und salzen.

Das Brot toasten und großzügig buttern, Pilze und Garflüssigkeit darauf verteilen und mit Thymianblättchen bestreuen.

HAVARTI-KÄSE

★

CHORIZO & ROTE PAPRIKA

Havarti ist ein halb weicher dänischer Käse mit einem wunderbar feinen Butteraroma, der besonders leicht schmilzt. Die Chorizo setzt beim Anbraten ein aromatisches Öl frei, das köstlich mit dem Käse schmeckt.

 4 Portionen

 30 Minuten

2 rote Paprika
4 Chorizo
etwas Olivenöl
4 Scheiben Olivenbrot
4 Scheiben Havarti
1 große Handvoll Feldsalat oder andere Salatblätter

Den Backofengrill auf starker Hitze vorheizen. Die Paprika vierteln, Samen und Trennwände entfernen. Mit der Hautseite nach oben 15 Minuten unter den Grill legen, bis das Fleisch weich und die Haut aufgeplatzt und dunkel ist. Die heißen Paprikastücke in eine Schüssel legen, mit Klarsichtfolie abdecken und beiseitestellen.

Die Chorizo schräg in dicke Scheiben schneiden. Das Öl in einer Pfanne erhitzen, die Wurstscheiben hineingeben und unter Rühren braten, bis sie gar und leicht kross sind.

Inzwischen das Brot leicht toasten, mit dem Havarti belegen und unter den Grill legen, bis der Käse geschmolzen ist und Blasen wirft. Die Haut von den abgekühlten Paprikastücken ziehen und das Fruchtfleisch grob in Streifen schneiden. Den geschmolzenen Käse mit Paprika, Chorizo und Salatblättern belegen.

GORGONZOLACREME MIT
★
RUCOLA & HONIG

Durch das Aufschlagen mit Crème fraîche wird aus dem Blauschimmelkäse ein köstlich cremiges Topping mit kräftigem Aroma, aber reduziertem Fettgehalt. Der süße Honig bildet einen schönen Kontrast zum salzigen Gorgonzola.

 2 Portionen

 10 Minuten

85 g Gorgonzola dolce
3 EL Crème fraîche
2 Scheiben Dinkel-, Roggen- oder
 Vollkornbrot
2 kleine Handvoll Rucola
1–2 EL flüssiger Honig
Salz und frisch gemahlener
 schwarzer Pfeffer

Den Gorgonzola zusammen mit der Crème fraîche und etwas Salz und Pfeffer in die Schüssel eines Multizerkleinerers geben. Das Ganze glatt und cremig pürieren, dabei die Masse gelegentlich von den Schüsselwänden nach unten schaben.

Das Brot kross toasten und dick mit dem aufgeschlagenen Gorgonzola bestreichen. Mit dem Rucola belegen und großzügig mit Honig beträufeln.

TOSTADA MIT GUACAMOLE
★
GARNELEN & MAIS

Vielleicht der köstlichste kohlenhydratärmste Toast überhaupt. Chipotle-Paste verleiht den Garnelen rauchige Schärfe.

 4 Portionen

 30 Minuten

20 rohe Gambas (Riesengarnelen),
    ausgelöst und Darmfäden
    entfernt
2 TL Chipotle-Paste
1 ½ EL Sonnenblumenöl
1 Maiskolben
4 weiche Maistortillas
2 reife Avocados
abgeriebene Schale und Saft von
    1 unbehandelten Limette
1 kleines Bund Koriandergrün,
    Blätter abgezupft
4 Frühlingszwiebeln, schräg in
    dünne Scheiben geschnitten
Salz und frisch gemahlener
    schwarzer Pfeffer

Die Garnelen in einer Schüssel mit der Chipotle-Paste und 1 TL Öl marinieren.

Den Backofen auf 180 °C (Umluft) vorheizen. Backofengrill oder Grillpfanne bei starker Hitze vorheizen. Den Maiskolben mit 1 TL Öl bestreichen, salzen und pfeffern. 10–15 Minuten grillen, bis er gar ist und leichte Grillstreifen bekommt, dabei regelmäßig wenden. Beiseitestellen.

Die Tortillas auf beiden Seiten mit dem restlichen Öl bestreichen und nebeneinander auf ein Backblech legen. Im Backofen 6–8 Minuten knusprig backen.

Die Avocados halbieren, den Kern auslösen, das Fruchtfleisch herausheben, grob hacken und in einen Multizerkleinerer geben. Die Limettenschale bis auf einen kleinen Rest sowie den Saft zufügen, salzen und pfeffern. Glatt pürieren (ggf. etwas kaltes Wasser zufügen).

Den Maiskolben senkrecht auf ein Schneidbrett stellen und die Körner abschneiden.

Grillpfanne bzw. Backofengrill erneut heiß werden lassen und die Garnelen 2 Minuten unter Wenden grillen.

Die Tortillas mit Avocadocreme bestreichen. Mais, Garnelen und Korianderblätter darauf verteilen. Mit Frühlingszwiebeln und restlicher Limettenschale bestreuen und die restliche Avocadocreme auf den Tostadas verteilen.

WALNUSSKROKANT

★

TRAUBEN & RICOTTA

Das Rösten macht die Trauben saftig-zäh und konzentriert ihre Süße. Bereiten Sie nicht zu wenig Walnusskrokant zu, denn Sie werden noch tagelang aus dem Glas naschen wollen!

 4 Portionen

 25 Minuten

225 g rote Weintrauben
1 ½ EL natives Olivenöl extra
½ EL Balsamessig
50 g Walnusskerne
2 EL brauner Zucker
½ EL Honig
1 Rosmarinzweig, Nadeln
    abgezupft und fein gehackt
250 g Ricotta
4 Scheiben Sauerteigbrot
Salz und frisch gemahlener
    schwarzer Pfeffer

Den Backofen auf 180 °C (Umluft) vorheizen. Die Trauben in 2 TL Öl, Balsamessig, Salz und Pfeffer wälzen. Auf ein mit Backpapier ausgelegtes Backblech legen und 15–20 Minuten rösten, bis sie klebrig sind und eine sirupartige Konsistenz annehmen. Etwas abkühlen lassen.

Inzwischen die Walnüsse in einer heißen Pfanne goldbraun rösten. 1 TL Öl, Zucker, Honig, Rosmarin und einige kräftige Prisen Salz unterrühren. Die Mischung etwa 3 Minuten sanft köcheln lassen, bis der Zucker karamellisiert ist. Auf einem Backblech verteilen und abkühlen lassen.

Den Ricotta in eine kleine Schüssel geben und gut verrühren. Mit Salz und Pfeffer abschmecken, das restliche Öl zufügen und weiterrühren, bis eine glatte, streichfähige Masse entsteht.

Das Brot toasten und kurz abkühlen lassen, dann mit dem Ricotta bestreichen. Trauben und Garflüssigkeit auf die Brote verteilen. Den Walnusskrokant in kleinere Stücke brechen oder hacken und über den Toast streuen.

ZUCCHINI MIT CHILI

★

MINZE & FETA

Beim Garen werden Zucchini manchmal matschig und langweilig, aber roh mariniert wie hier wird daraus eine ganz neue Köstlichkeit: ein erstaunlich knackiger, anregender Salat, in dem sich hervorragend salzige Fetawürfel unterbringen lassen.

 4 Portionen

 15 Minuten

1 große oder 2 kleine Zucchini
1 ½ EL natives Olivenöl extra
einige Prisen Chiliflocken
   (z.B. Pul Biber) zzgl. etwas zum
   Servieren
1 kleine Handvoll Minzeblätter,
   grob gehackt
abgeriebene Schale von
   ½ unbehandelten Zitrone
4 Scheiben Pan Pugliese oder
   anderes rustikales Brot
140 g Feta, in große Stücke
   gebrochen
Salz und frisch gemahlener
   schwarzer Pfeffer

Die Zucchini längs mit einem Gemüseschäler oder einem Gemüsehobel in dünne Streifen schneiden. In eine Schüssel geben und mit 1 EL Öl, Chiliflocken, Minze (etwas Minze zum Garnieren aufheben), Zitronenschale und etwas Salz und Pfeffer mischen. Beiseitestellen und 5 Minuten ziehen lassen.

Das Brot toasten und mit dem restlichen Öl beträufeln. Mit den Zucchinistreifen belegen und den Feta darüberkrümeln. Zum Schluss mit Chiliflocken und der restlichen Minze bestreuen.

HALLOUMI MIT
★
HARISSA-DRESSING

Harissa ist eine überraschend scharfe marokkanische Gewürzpaste. Dieses Dressing bringt jedoch auch ihre Wärme und ihr Aroma voll zur Geltung. Der oft etwas langweilige Halloumi schreit geradezu nach einem solchen Extra.

4 Portionen

15 Minuten

1 ½ TL Harissa
1 Knoblauchzehe, zerdrückt
abgeriebene Schale und Saft von
  ½ unbehandelten Zitrone
2 TL Honig
2 EL natives Olivenöl extra
1 geh. EL Kürbiskerne
4 Scheiben Brot mit ganzen
  Körnern
250 g Halloumi
4 Handvoll Salatblätter
Salz und frisch gemahlener
  schwarzer Pfeffer

Für das Dressing Harissa, Knoblauch, Zitronenschale und -saft, Honig und Öl in ein Marmeladenglas geben, mit Salz und Pfeffer abschmecken, Deckel schließen und 30 Sekunden schütteln.

Eine Bratpfanne bei mittlerer bis starker Hitze heiß werden lassen. Die Kürbiskerne in die Pfanne geben und rösten, bis sie zu platzen beginnen, dabei die Pfanne gelegentlich rütteln. In eine Schüssel füllen und beiseitestellen. Das Brot toasten.

Die Pfanne wieder bei mittlerer Temperatur erhitzen. Den Halloumi in acht oder zwölf Scheiben schneiden, in die heiße Pfanne legen und von beiden Seiten 1–2 Minuten weich und goldbraun braten.

Die Toastscheiben mit etwas Dressing beträufeln und die Salatblätter und die warmen Halloumi-scheiben darauflegen. Noch etwas Dressing darüberlöffeln und mit Kürbiskernen bestreuen.

Übrig gebliebenes Dressing hält sich bis zu 1 Woche im Kühlschrank.

FRÜHLINGSZWIEBELN

⭐

ROMESCO & PANCETTA

Die Inspiration für diesen Toast kommt von einem
spanischen Festival, bei dem die Gäste gegrillte Frühlingszwiebeln in eine Mandel-Romesco-Sauce tunken.

4 Portionen

30 Minuten

2 rote Paprikas
2 Tomaten
2 Knoblauchzehen
50 g blanchierte Haselnüsse
1 kleines Bund Petersilie, mit den
   Stängeln grob gehackt
1 ½ TL geräuchertes Paprikapulver
1 EL Sherryessig
½ Baguette
3 ½ EL natives Olivenöl extra
16 Frühlingszwiebeln, die Enden
   abgeschnitten
8 dünne Scheiben Pancetta
Salz und frisch gemahlener
   schwarzer Pfeffer

Den Backofengrill bei starker Hitze vorheizen. Die
Paprikas halbieren, Samen und Trennwände entfer-
nen. Mit der Hautseite nach oben mit Tomaten und
Knoblauch auf ein Backblech legen. In 15 Minuten
weich grillen, bis die Haut dunkle Blasen wirft. Die
Tomaten nach der Hälfte der Garzeit wenden. Das
Gemüse in eine Schüssel füllen, mit Klarsichtfolie
abdecken und abkühlen lassen.

Die Haselnüsse in einer kleinen Pfanne rösten.
Sobald das Gemüse abgekühlt ist, die Haut abziehen und das Fruchtfleisch in einen Multizerkleinerer
geben. Haselnüsse, Petersilie, Paprikapulver, Essig,
Salz und Pfeffer zufügen. Von beiden Enden des
Baguettes eine sehr dünne Scheibe der Kruste
abschneiden und mit in den Mixer geben. Fast
glatt pürieren, noch 3 EL Öl und 1 EL kaltes Wasser
zufügen und vollkommen glatt pürieren.

Die Frühlingszwiebeln im restlichen Öl wenden
und auf einem mit Alufolie ausgelegten Backblech
verteilen. 2–3 Minuten unter den Grill stellen, bis
sie weich und leicht gebräunt sind. Den Pancetta in
2 Minuten kross grillen, dabei einmal wenden.

Das Baguette längs und quer halbieren und die
vier Stücke rösten. Mit der Nusssauce bestreichen.
Mit Frühlingszwiebeln und Pancetta belegen und
Pfeffer darübermahlen.

TOAST ALS

★

SNACK & CANAPÉ

CROSTINI MIT

★

FEIGEN-TAPENADE

Kalamata-Oliven haben eine glatte Oberfläche und schmecken angenehm salzig. Die Kombination mit süßen Feigen in einer provenzalischen Tapenade verleiht diesem Klassiker eine originelle Note.

 12 Crostini

 20 Minuten

75 g getrocknete Feigen, grob gehackt
125 g schwarze Kalamata-Oliven, entsteint
1 Handvoll glatte Petersilie, Blätter abgezupft
3 Thymianzweige, Blättchen abgezupft, zzgl. Blättchen zum Servieren
3 EL Kapern, abgetropft
½ Knoblauchzehe, fein gehackt
3 EL natives Olivenöl extra
1 Spritzer Zitronensaft
12 dünne Scheiben rustikales Baguette
4 EL Crème fraîche
Salz und frisch gemahlener schwarzer Pfeffer

Die getrockneten Feigen in eine Schüssel geben und mit kochendem Wasser bedecken. 10 Minuten einweichen, dann abtropfen lassen und trocken tupfen. Feigen, Oliven, Petersilie, Thymian, Kapern, Knoblauch, Öl und Zitronensaft in den Multizerkleinerer geben und zu einer Paste pürieren. Salzen und pfeffern.

Die Brotscheiben toasten. Mit der Tapenade bestreichen und einen Klecks Crème fraîche daraufsetzen. Mit einigen Thymianblättchen garnieren.

DICKE BOHNEN MIT
★
MINZE & ZIEGENKÄSE

Frische dicke Bohnen schmecken um Klassen besser als ihre Verwandten aus der Dose oder der Tiefkühltruhe. Zu einer groben Paste zerdrückt und mit Zitronensaft verfeinert, werden sie hier zu einem gesunden Frühlingsaufstrich. Wie auch Erbsen passen dicke Bohnen hervorragend zu Minze.

 12 Crostini

 25 Minuten

350 g gepalte dicke Bohnen
    (Favabohnen)
abgeriebene Schale von
    ½ unbehandelten Zitrone und
    1 Spritzer Zitronensaft
2 EL natives Olivenöl extra zzgl.
    etwas zum Beträufeln
1 Handvoll Minzeblätter, grob
    gehackt
12 dünne Scheiben Sauerteigbrot
25 g Haselnüsse
85 g Ziegenkäse mit Asche
1 Handvoll rote Amaranthsprossen
    (nach Belieben)
Salz und frisch gemahlener
    schwarzer Pfeffer

Den Backofen auf 160 °C (Umluft) vorheizen.

Einen großen Topf mit Wasser zum Kochen bringen. Die Bohnen hineingeben und 1–2 Minuten köcheln lassen, dann in eiskaltem Wasser abschrecken. Abtropfen lassen und aus den Häuten drücken, dann in den Multizerkleinerer geben. Die Zitronenschale bis auf einen kleinen Rest, Zitronensaft, Öl, Salz und Pfeffer zufügen und kurz zu einer stückigen Paste verarbeiten (oder alles in eine Schüssel füllen und mit einer Gabel zerdrücken). Die Minze unterrühren.

Das Brot mit etwas Öl beträufeln und auf ein Backblech legen. Die Haselnüsse auf einem tiefen Backblech verteilen und beide Bleche in den Ofen schieben. 6–8 Minuten backen, bis das Brot goldbraun und kross und die Haselnüsse goldbraun sind. Die Nüsse etwas abkühlen lassen, dann grob hacken.

Die Brotscheiben mit Bohnenpüree bestreichen, den Ziegenkäse darüberbröckeln und mit den gerösteten Haselnüssen bestreuen. Mit der restlichen Zitronenschale und, nach Belieben, mit Amaranthsprossen garnieren.

TRÜFFELÖL &

★

GEBACKENER CAMEMBERT

Kaum etwas ist so unglaublich luxuriös wie ein ganzer Camembert, der gebacken wird, bis er in sich zusammenfällt, verfeinert mit dekadentem Trüffelöl. Damit Sie nicht der Versuchung erliegen, ihn von den Fingern Ihrer Gäste zu lecken, servieren Sie ihn mit kleinen Stücken geröstetem Baguette zum Eintunken oder Bestreichen.

 4–6 Portionen

 30 Minuten

250 g Camembert in der Holzschachtel
½ Knoblauchzehe, in dünne Scheiben geschnitten
einige Rosmarinzweige
2 EL Weißwein
1 EL flüssiger Honig
12–18 dünne Scheiben Baguette
Trüffelöl (nach Belieben)
frisch gemahlener schwarzer Pfeffer

Den Käse 1 Stunde vor der Zubereitung aus dem Kühlschrank nehmen und auf Raumtemperatur erwärmen.

Den Backofen auf 160 °C (Umluft) vorheizen. Den Käse aus der Schachtel nehmen und auswickeln. Den Schachtelboden in den Deckel stellen, den Käse wieder hineinlegen und auf ein Backblech stellen. Mit einem scharfen Messer die Oberseite mehrmals einritzen. Knoblauch und Rosmarin in die Löcher stecken, den Käse mit Wein und Honig beträufeln und etwas schwarzen Pfeffer darübermahlen. 20 Minuten backen. Nach 12 Minuten die Baguettescheiben mit auf das Backblech legen.

Den Camembert aus dem Ofen nehmen und etwas abkühlen lassen, dann nach Belieben mit dem Trüffelöl beträufeln. Mit den gerösteten Baguettescheiben servieren, diese am Tisch großzügig mit dem geschmolzenen Käse bestreichen.

BRESAOLA MIT

★

FENCHEL & APFEL

In diesem Rezept werden Fenchel, Sellerie und Apfel
zu einer Remoulade oder einer Art erstklassigem Krautsalat
verarbeitet. Die leichten, frischen Aromen gleichen dabei
das intensiv salzige Aroma des luftgetrockneten Rinder-
schinkens aus.

 24 Canapés

 20 Minuten

1 kleine Fenchelknolle, geviertelt
    und Strunk entfernt
1 Selleriestange mit Blättern
1 kleiner Apfel
2 geh. EL Mayonnaise
2 EL Crème fraîche
2 TL körniger Senf
1 Handvoll Petersilie, fein gehackt
24 kleine Stücke Brot mit ganzen
    Körnern
6 Scheiben Bresaola, in kleine
    Stücke geschnitten
Salz und frisch gemahlener
    schwarzer Pfeffer

Den Backofen auf 160 °C (Umluft) vorheizen.

Für den Salat den Fenchel in sehr dünne Scheiben
schneiden und in eine Schüssel geben. Die Sellerieblätter beiseitelegen und die Selleriestange in
dünne Scheiben schneiden. Das Kerngehäuse des
Apfels entfernen, den Apfel in Stifte schneiden und
mit den Selleriescheiben in die Schüssel geben.

In einer zweiten Schüssel Mayonnaise, Crème
fraîche, Senf, Petersilie und Salz und Pfeffer
mischen. Das Dressing über das Gemüse geben und
alles vermengen.

Die Brotstücke auf einem Backblech verteilen und
etwa 10 Minuten kross rösten. Auf jedem Toast
einen Löffel Salat, einige Stücke Bresaola und einige
Sellerieblätter verteilen.

PANZANELLA

★

BRUSCHETTA

Das Geheimnis einer gelungenen Panzanella (italienischer Brotsalat) besteht darin, die Tomaten im Voraus zu salzen, um den Saft freizusetzen, der dann von den altbackenen Brotstücken aufgesaugt wird. In dieser köstlichen Fingerfood-Variante wird hier das Brot durch Toast, der mit Öl und Knoblauch veredelt wurde, ersetzt.

 12 Bruschetta

 35 Minuten

350 g rote und gelbe
   Kirschtomaten
½ kleine rote Zwiebel, in dünne
   Ringe geschnitten
12 Scheiben Pan Pugliese
2 EL natives Olivenöl extra zzgl.
   etwas zum Beträufeln
2 Knoblauchzehen, halbiert
2 TL Kapern, abgetropft und grob
   gehackt
2 TL Rotweinessig
1 Prise Zucker
1 Handvoll Basilikumblätter, große
   Blätter zerpflückt
Salz und frisch gemahlener
   schwarzer Pfeffer

Die Tomaten halbieren oder vierteln. In eine Schüssel geben und mit etwas Salz bestreuen. Die Zwiebelringe in eine zweite Schüssel geben, mit etwas Salz bestreuen und mit kaltem Wasser bedecken. Tomaten und Zwiebel 15 Minuten marinieren.

Inzwischen den Backofen auf 160 °C (Umluft) vorheizen. Die Brotscheiben mit etwas Öl beträufeln und 6–8 Minuten goldbraun und kross rösten. Mit der Schnittseite der Knoblauchzehen abreiben.

Die Tomaten abtropfen lassen (den Saft auffangen) und in eine Schüssel füllen. Zwiebel abtropfen lassen und mit den Kapern zu den Tomaten geben. In einer weiteren Schüssel 1 EL Tomatensaft, Essig, Zucker und Öl mit dem Schneebesen verrühren. Mit Salz und Pfeffer würzen und die Mischung über die Tomaten gießen. Weitere 15 Minuten ziehen lassen.

Das Basilikum bis auf einige Blätter unterrühren, dann den Tomatensalat mit dem Saft auf die Brotscheiben verteilen. Vor dem Servieren mit dem restlichen Basilikum bestreuen.

CONFIT VON
★
KNOBLAUCH

Knoblauch, langsam in Öl gegart, wird dadurch konserviert. Allerdings wird er sich trotzdem nicht lange in Ihrer Speisekammer halten, denn er ist einfach zu köstlich und verfeinert von Gemüse bis Käse einfach alles. Probieren Sie ihn aber unbedingt auch in seiner reinsten Form: auf Toast.

 12 Stück

 2 Stunden

3–4 Knoblauchknollen
  (mindestens 36 große Zehen)
2 Rosmarinzweige
3 Thymianzweige
1 Lorbeerblatt
8 schwarze Pfefferkörner
2 Streifen unbehandelte
  Zitronenschale
250 ml natives Olivenöl extra,
  nach Bedarf mehr
12 dünne Scheiben Baguette oder
  Ciabatta
Meersalzflocken

Die Knoblauchknollen in Zehen teilen. Die Zehen schälen und in einen kleinen Topf geben. Rosmarin, Thymian, Lorbeerblatt, Pfefferkörner, Zitronenschale und etwas Salz zufügen. Das Öl hineingießen. Der Knoblauch muss vollständig bedeckt sein, ggf. mehr Öl zugießen. Das Öl erhitzen, bis es Schlieren zieht, und den Knoblauch bei sehr schwacher Hitze unter gelegentlichem Rühren etwa 40 Minuten garen, bis sich die Zehen leicht mit einem Messer einstechen lassen. Vom Herd nehmen und im Topf vollständig auskühlen lassen. Den Topfinhalt in ein sterilisiertes Schraubglas füllen und schließen. Es hält bis zu 1 Monat im Kühlschrank.

Zum Servieren das Brot toasten. Auf jede Scheibe etwa drei Knoblauchzehen geben und verstreichen. Mit etwas Öl aus dem Schraubglas beträufeln und mit Meersalzflocken bestreuen.

TAGLIATA VOM
★
PFEFFERSTEAK

Eine gute Tagliata sollte so rosa und blutig gebraten sein,
wie Sie es ertragen, auf jeden Fall aber viel Bratensaft
freisetzen. Das ist hier besonders wichtig, weil die Crostini
alles aufsaugen und das fantastische Aroma dadurch nicht
verloren geht.

 12 Crostini

 15 Minuten

12 Scheiben Ciabatta
225 g dickes Lendensteak
2 ½ EL natives Olivenöl extra
1 TL zerstoßener schwarzer Pfeffer
½ Knoblauchzehe, zerdrückt
½ EL Balsamessig
1 Handvoll Rucola
1 kleines Stück Parmesan
Salz

Eine Grillpfanne auf starker Hitze sehr heiß werden
lassen. Das Brot darin von beiden Seiten rösten
und beiseitelegen. Das Steak mit ½ EL Öl von allen
Seiten einreiben und auf beiden Seiten den Pfeffer
andrücken. In der heißen Grillpfanne von jeder
Seite je nach Stärke 2–3 Minuten braten. Es sollte
außen schön gebräunt und innen rosa sein. Aus der
Pfanne nehmen und 5 Minuten ruhen lassen.

Inzwischen den Knoblauch in eine kleine Schüssel
geben. Mit 1 Prise Salz bestreuen und zu einer
Paste zerstampfen. Essig und restliches Öl unterrühren.

Das Steak in dünne Streifen schneiden. Jede
Ciabattascheibe mit Rucola und einigen Steak-
streifen belegen, mit dem Dressing beträufeln und
etwas Parmesan darüberhobeln.

MAKRELENPASTE MIT
★
ERBSEN & ZITRONE

Räuchermakrele ist heutzutage so problemlos verzehrfertig im Supermarkt zu bekommen, dass wir uns selten die Mühe machen, sie hübsch anzurichten. Blanchierte Erbsen sind nicht nur knackig, sondern verleihen dem Räucherfisch auch eine überraschend fruchtige Note.

 24 Canapés

 15 Minuten

200 g Räuchermakrele
125 g Frischkäse
   (Doppelrahmstufe)
3 EL griechischer Joghurt
2 EL Sahnemeerrettich
abgeriebene Schale und Saft von
   ½ unbehandelten Zitrone
25 g TK-Erbsen
24 kleine Scheiben Sodabrot
1 Handvoll Erbsensprossen
24 essbare Blüten, z. B. Veilchen
   (nach Belieben)
Salz und frisch gemahlener
   schwarzer Pfeffer

Einen kleinen Topf mit Wasser zum Kochen bringen. Inzwischen die Haut von der Räuchermakrele abziehen, Gräten entfernen, das Fleisch mit den Händen grob teilen und beiseitestellen. In einer Schüssel Frischkäse, Joghurt, Meerrettich und Zitronensaft glatt rühren. Mit Pfeffer und wenig Salz würzen, dann die Räuchermakrele unterheben.

Die Erbsen im kochenden Wasser 2 Minuten blanchieren, dann in eiskaltem Wasser abschrecken. Abtropfen lassen und beiseitestellen.

Den Backofengrill vorheizen. Das Brot auf ein Backblech legen und unter dem Grill von beiden Seiten rösten. Abkühlen lassen und großzügig mit der Makrelenpaste bestreichen. Erbsen, Erbsensprossen, etwas Zitronenschale und frisch gemahlenen schwarzen Pfeffer darüberstreuen. Zum Schluss nach Belieben mit einer essbaren Blüte garnieren.

CROSTINI MIT
★
KLIPPFISCHCREME

Das Einsalzen und Trocknen verleihen dem Fisch ein besonders volles Aroma, und durch das Aufschlagen mit Milch und Kartoffeln wird eine leichte, frische Creme daraus.

12 Crostini

30 Minuten zzgl.
24 Stunden Einweichzeit

250 g Klippfisch
3 Knoblauchzehen, 2 davon leicht
   angedrückt, 1 halbiert
einige Thymianzweige
1 Lorbeerblatt
6 schwarze Pfefferkörner
2 Streifen unbehandelte
   Zitronenschale
500 ml Vollmilch
125 g Kartoffeln, geschält und
   gewürfelt
4 EL natives Olivenöl extra
12 Scheiben rustikales Baguette
1 Handvoll Schnittknoblauch-
   sprossen

Am Vortag den Klippfisch gründlich abspülen, in eine Schüssel legen und mit kaltem Wasser bedecken. 24 Stunden in den Kühlschrank stellen, dabei das Wasser gelegentlich wechseln.

Den Fisch abtropfen lassen und in einen Topf legen. Die beiden angedrückten Knoblauchzehen, Thymian, Lorbeerblatt, Pfefferkörner und Zitronenschale zufügen und die Milch zugießen. Der Fisch sollte vollständig bedeckt sein. Alles zum Kochen bringen und 5 Minuten köcheln lassen. Den Herd ausschalten und den Topf 5 Minuten stehen lassen. Den Fisch aus der Milch nehmen und beiseitelegen. Den Topf wieder auf den Herd stellen, die Kartoffeln hineingeben, zum Kochen bringen und 8 Minuten köcheln lassen, bis sie weich sind. Durch ein Sieb abgießen, die Kochflüssigkeit auffangen. Den Knoblauch beiseitelegen, die anderen Aromastoffe wegwerfen.

Die Kartoffeln in den Multizerkleinerer geben. Den Fisch von Haut und Gräten befreien und in Stücken zu den Kartoffeln geben. Den Knoblauch aus der Haut drücken, zufügen und alles zu einer Paste verarbeiten. Olivenöl sowie bis zu 2 EL Milch zugießen und pürieren, bis die Mischung glatt, weich und streichfähig ist.

Das Brot toasten und mit der halbierten Knoblauchzehe abreiben. Abkühlen lassen, mit der Fischpaste bestreichen und mit Sprossen garnieren.

SCHALOTTENKONFITÜRE &
★
HÜHNERLEBERPASTETE

Ein wirklich exquisiter Toast wäre Brioche mit Gänseleber, aber eine gut zubereitete, buttrige Hühnerleberpastete kann genauso viel Eindruck schinden und kostet nur ein Zehntel dessen.

 24 Canapés

 1 Stunde 25 Minuten

Hühnerleberpastete
250 g Hühnerlebern
175 g Butter, gewürfelt
2 Schalotten, in dünne Scheiben
   geschnitten
1 Knoblauchzehe, fein gehackt
6 Salbeiblätter, in feine Streifen
   geschnitten, zzgl. 1 Salbeiblatt
50 ml Portwein
50 g Crème double
frisch geriebene Muskatnuss
3 dicke Scheiben Kastenweißbrot
1 kleine Handvoll Sprossen, z.B.
   von Rucola oder Sauerampfer
Salz und frisch gemahlener
   schwarzer Pfeffer

Die Lebern abspülen, mit der Küchenschere alle Sehnenreste abschneiden, dann trocken tupfen. 25 g Butter in einer Bratpfanne zerlassen, Schalotten und Knoblauch hineingeben und etwa 10 Minuten sanft weich braten. Alles in den Multizerkleinerer füllen.

Die Pfanne wieder auf den Herd stellen und weitere 25 g Butter bei starker Hitze zerlassen. Sobald sie sehr heiß ist, die Lebern mit den Salbeistreifen hineingeben. Mit Salz und Pfeffer würzen und von jeder Seite 1–2 Minuten braten, bis das Fleisch außen braun und innen noch rosa ist. Die Lebern mit dem Bratensaft in den Zerkleinerer geben und die Pfanne wieder auf den Herd stellen.

Den Portwein hineingießen und sprudelnd um die Hälfte einkochen lassen. Zu den Lebern und Schalotten in die Maschine geben. Alles glatt pürieren, dann 75 g Butter, Crème double, etwas Muskatnuss, Salz und Pfeffer zufügen. Erneut pürieren, bis die Masse ganz glatt ist. Die warme Pastete mit einem Teigschaber durch ein Sieb in

Fortsetzung auf der nächsten Seite

SCHALOTTENKONFITÜRE MIT HÜHNERLEBERPASTETE
Fortsetzung

Schalottenkonfitüre
1 EL Sonnenblumenöl
100 g Schalotten, in dünne
   Scheiben geschnitten
75 ml Portwein
1 geh. EL Feinzucker
2 EL Rotweinessig
1 Prise Zimt

eine Schüssel streichen. Das ganze Salbeiblatt auf die Pastete legen. Die restliche Butter zerlassen, etwas abkühlen lassen und über die Pastete gießen, dabei die trüben Feststoffe im Topf lassen. 1 Stunde kühlen.

Für die Schalottenkonfitüre das Öl bei starker Hitze in einem Topf heiß werden lassen. Die Schalotten hineingeben und 3 Minuten anbraten, dann die Hitze reduzieren und 15 Minuten unter gelegentlichem Rühren weiterbraten. Falls die Schalotten im Topf anhängen, etwas Wasser zugießen. Den Portwein hineingießen und bis auf einen kleinen Rest sprudelnd einkochen lassen. Zucker, Essig und Zimt zufügen und salzen. Etwa 3 Minuten sanft köcheln, bis die Masse eingedickt ist und eine konfitürenartige Konsistenz hat. Zum Abkühlen beiseitestellen.

Den Backofengrill auf hoher Stufe vorheizen. Das Brot auf ein Backblech legen und von beiden Seiten rösten. Die Rinde abschneiden und waagerecht in zwei dünne Scheiben schneiden. Jede Scheibe in vier Dreiecke schneiden. Die Dreiecke mit der ungerösteten Seite nach oben auf das Backblech legen und goldbraun grillen. Auf jede Scheibe einen Löffel Pastete, etwas Schalottenkonfitüre und einige Sprossen geben.

PUERCO PIBIL &

★

AVOCADO-SALSA

Die mexikanische Küche muss nicht immer höllisch scharf sein. Puerco Pibil ist ein aromatisches, langsam gekochtes Schmorgericht, das von der Konsistenz her fast an Rillettes erinnert. Bereiten Sie am besten gleich ein wenig mehr zu. Und wenn Sie schon dabei sind, bereiten Sie auch die Zwiebeln gleich auf Vorrat zu – sie schmecken auch ausgezeichnet zu Käse.

 24 Canapés

 3 Stunden zzgl. Marinierzeit

24 kleine Scheiben Maisbrot
etwas Olivenöl

Schmorfleisch
1 getrocknete, milde Chili
    (z.B. Ancho-Chili), Stiel entfernt
    und grob gehackt
1 TL Kreuzkümmelsamen
1 TL Fenchelsamen
4 Gewürznelken
8 schwarze Pfefferkörner
1 EL getrockneter Oregano
Saft von 2 Orangen
Saft von 2 Limetten
2 EL Apfelessig
1 kleine rote Zwiebel, grob gehackt
4 Knoblauchzehen, geschält
700 g Schweineschulter, in große
    Stücke geschnitten
Salz und frisch gemahlener
    schwarzer Pfeffer

Chili, Kreuzkümmel- und Fenchelsamen, Nelken und Pfefferkörner in einer trockenen Pfanne rösten, bis die Gewürze ein Raucharoma annehmen, aber nicht verbrannt sind. In eine Gewürzmühle oder einen Blitzhacker füllen und fein mahlen. Oregano, Zitrussäfte, Essig, Zwiebel und Knoblauch zufügen, salzen und alles zu einer glatten Masse verarbeiten.

Das Fleisch in einen verschließbaren Gefrierbeutel füllen. Die Paste dazugeben und durch den Beutel ins Fleisch reiben. Mindestens 2 Stunden, am besten über Nacht, im Kühlschrank marinieren.

Zum Schmoren den Backofen auf 140 °C (Umluft) vorheizen. Den Beutelinhalt in ein nicht zu großes Bratblech umfüllen. Mit 100 ml Wasser übergießen und gut umrühren. Fest mit Alufolie abdecken und 2–2 ½ Stunden schmoren, bis das Fleisch zart ist und sich mit zwei Gabeln leicht auseinanderziehen lässt.

Fortsetzung auf der nächsten Seite

PUERCO PIBIL & AVOCADO-SALSA
Fortsetzung

Eingelegte Schalotten und Salsa
2 EL Feinzucker
50 ml Rotweinessig
2 Schalotten, in sehr dünne
   Scheiben geschnitten
½ große reife Avocado
1 kräftiger Spritzer Limettensaft
1 Handvoll Koriandergrün, nur die
   Blätter, fein gehackt
Würzmittel nach Belieben

Die eingelegten Schalotten zubereiten. Zucker, Essig und etwas Salz in einer Schüssel verrühren, bis der Zucker sich gelöst hat. Schalotten zufügen, gut umrühren und 30 Minuten beiseitestellen.

Sobald das Fleisch gar ist, vom Bratblech nehmen und zerpflücken. Beiseitestellen. Den Backofen nicht abschalten.

Die Sauce in einen Topf füllen und zum Kochen bringen. Etwa 15 Minuten sprudelnd einkochen lassen. Das zerkleinerte Fleisch in die Sauce rühren, abschmecken, nach Bedarf nachwürzen und zum Abkühlen beiseitestellen.

Während die Sauce einkocht, das Maisbrot auf ein Backblech legen, mit Öl beträufeln und 10–15 Minuten im Ofen rösten.

Kurz vor dem Servieren die Salsa zubereiten. Die Avocado halbieren, den Kern auslösen, das Fruchtfleisch herausheben und in kleine Würfel schneiden. Mit Limettensaft, Koriander und Würzmittel in einer Schüssel mischen. Jeden Toast mit einem Löffel Schmorfleisch, etwas Salsa und einigen eingelegten Zwiebelringen belegen.

MINI-CROQUE
★
MONSIEUR & MADAME

Der Greyerzer verleiht den Croques den typischen zarten Schmelz. Der italienische Parmesan gehört ursprünglich nicht dazu, sorgt aber für eine kräftige Note.

 12 Stück

 20 Minuten

24 dünne Scheiben Baguette
50 g Butter
25 g Mehl
185 ml Milch
25 g Parmesan, fein gerieben
75 g Greyerzer, fein gerieben
frisch geriebene Muskatnuss
Dijonsenf zum Bestreichen
6 Scheiben hochwertiger
   hauchdünner Räucherschinken
etwas Sonnenblumenöl
6 Wachteleier
Salz und frisch gemahlener
   schwarzer Pfeffer

Den Backofengrill vorheizen. Die Baguettescheiben auf einem Backblech verteilen. Die Butter in einem Topf bei mittlerer Hitze zerlassen und eine Seite jeder Brotscheibe damit bestreichen.
Für die Béchamelsauce den Topf wieder auf den Herd stellen und das Mehl in die restliche Butter rühren, bis eine Paste entsteht. Nach und nach unter ständigem Rühren die Milch zugießen, aufkochen und 2 Minuten kochen lassen. Parmesan und 25 g Greyerzer unterrühren und schmelzen lassen. Etwas Muskatnuss hineinreiben, mit Salz und Pfeffer abschmecken.
Die Brotscheiben unter dem Grill 3 Minuten goldbraun rösten. Die Hälfte der Scheiben vom Blech nehmen und beiseitelegen. Die restlichen Scheiben wenden und mit wenig Senf bestreichen. Die Schinkenscheiben in Stücke reißen und auf den Broten verteilen, mit dem restlichen Greyerzer bestreuen. Unter den Grill stellen, bis der Käse geschmolzen ist. Die beiseitegestellten Baguettescheiben mit der ungerösteten Seite nach unten darauflegen und sanft festdrücken. Die Béchamelsauce darüberlöffeln und wieder grillen, bis die Sauce Blasen wirft. Etwas abkühlen lassen.
Für die Croques etwas Öl in einer Pfanne erhitzen. Die Wachteleier hineinschlagen und braten, bis das Eiweiß fest ist. Die Hälfte der Sandwiches damit belegen.

AVOCADO MIT
★
THUNFISCH-TATAR

Tatar besteht aus rohem Rindfleisch und verschiedenen Würzzutaten. Diese Thunfischversion ist genauso köstlich. Mariniert in Limettensaft und Sojasauce, wird der Fisch etwas ‚vorgegart‘, wie man es auch vom peruanischen Gericht Ceviche kennt.

 20–24 Canapés

 25 Minuten zzgl. Tief- kühl- und Kühlzeit

200 g Thunfischsteak, Sashimi- Qualität
20–24 dünne Scheiben Baguette
2 EL Sesamöl
1 reife Avocado
1 rote Chili, Samen entfernt und fein gehackt
2 Frühlingszwiebeln, fein gehackt
2 EL helle Sojasauce
Saft von 1 Limette
1 geh. EL weiße und schwarze Sesamsaat, geröstet
24 kleine Blätter Thai-Basilikum
Salz und frisch gemahlener schwarzer Pfeffer

Den Thunfisch 30 Minuten vor der Zubereitung in den Gefrierschrank legen. Den Backofen auf 160 °C (Umluft) vorheizen. Die Brotscheiben mit 1 EL Sesamöl bestreichen, dann auf ein Backblech legen. 6–8 Minuten goldbraun und kross backen.

Für das Tatar den Thunfisch aus dem Gefrierschrank nehmen. Erst in Streifen, dann in 0,5 cm große Würfel schneiden und in eine Schüssel geben. Die Avocado halbieren, den Kern auslösen, das Frucht- fleisch herausheben, ebenfalls würfeln und zum Fisch geben. Chili und Frühlingszwiebeln zufügen, dann Sojasauce, Limettensaft und das restliche Öl unterrühren. Mit Salz und Pfeffer abschmecken und 30 Minuten in den Kühlschrank stellen.

Das Tatar auf den Brotscheiben verteilen, mit Sesamsaat bestreuen und mit Basilikumblättern garnieren.

SCHWEDISCHE
★
KRABBEN

Belegte Brote gehören fest zur skandinavischen Küchentradition. Diese eleganten kleinen Canapés sind mit einer schwedisch inspirierten Kombination aus Krabben und Dill belegt.

 18 Crostini

 20 Minuten

9 kleine Scheiben Pumpernickel, halbiert
2 EL Olivenöl
2 EL Schmand
3 ½ EL Mayonnaise
½ rote Zwiebel, fein gehackt
1 kräftiger Schuss Zitronensaft
einige Spritzer Tabasco
1 kleine Handvoll Dill, fein gehackt
250 g gekochte Krabben
25 g Lachskaviar
Salz und frisch gemahlener schwarzer Pfeffer

Den Backofen auf 160 °C (Umluft) vorheizen. Die Brotscheiben von beiden Seiten mit dem Öl bestreichen, auf ein Backblech legen und 5–10 Minuten kross rösten. Aus dem Ofen nehmen und abkühlen lassen.

Schmand, Mayonnaise, Zwiebel, Zitronensaft, Tabasco und Dill bis auf einen kleinen Rest in einer Schüssel verrühren. Mit Salz und Pfeffer abschmecken, dann die Krabben unterziehen.

Die Masse auf den abgekühlten Pumpernickelscheiben verteilen. Mit dem restlichen gehackten Dill bestreuen und mit je einem Löffel Lachskaviar garnieren.

FETA-CREME

ROTE BETE & KÜMMEL

Durch das Aufschlagen mit Joghurt wird aus dem Feta ein
leichter, cremiger Aufstrich und eine ideale Unterlage für
die russisch angehauchte Kombination aus kräftiger Roter
Bete und duftendem Kümmel.

 12 Canapés

 35 Minuten

2 mittelgroße Rote Beten, geschält
2 EL Apfelessig
1 EL Rapsöl
1 TL Feinzucker
abgeriebene Schale von 1 kleinen
    unbehandelten Orange und Saft
    von ½ Orange
200 g Feta
2 EL griechischer Joghurt
1 geh. TL Kümmelsamen
12 kleine Stücke Malz-
    Mehrkornbrot
1 Handvoll junge Mangold- oder
    Sauerampferblätter
Salz und frisch gemahlener
    schwarzer Pfeffer

Die Roten Beten in Stifte schneiden. Essig, Öl,
Zucker, Orangenschale und Orangensaft in einer
Schüssel mit 1 kräftigen Prise Salz verrühren. Die
Roten Beten in die Schüssel geben, gut umrühren
und mindestens 30 Minuten ziehen lassen, dabei
gelegentlich umrühren.

Inzwischen den Feta in den Multizerkleinerer
krümeln. Den Joghurt dazugeben und in 3–4 Minuten zu einer glatten Creme verarbeiten. Mit Salz
und Pfeffer abschmecken.

Die Kümmelsamen in einer trockenen Pfanne
rösten, bis sie duften. Das Brot toasten und nach
dem Abkühlen mit der Feta-Creme bestreichen.
Die Roten Beten gut abtropfen lassen und auf
den Toastscheiben verteilen. Mit dem Kümmel
bestreuen und mit einigen Mangold- oder Sauer-
ampferblättern belegen.

★

STREMELLACHS

In japanischen Haushalten steht dieses eingelegte Gemüse, genannt *tsukemono*, bei fast jeder Mahlzeit auf dem Tisch. Es ist in Minutenschnelle zubereitet, und wer es einmal probiert hat, wird rohes Gemüse künftig mit anderen Augen betrachten.

12 Stück

35 Minuten

¼ große Salatgurke, längs halbiert

5 Radieschen, in sehr dünne Scheiben geschnitten

2 TL Feinzucker

2 ½ EL Weißweinessig

140 g Frischkäse (Doppel-rahmstufe)

2 TL körniger Senf

6 Scheiben Roggenbrot, diagonal halbiert

2 Stremellachs-Filets, ohne Haut

½ EL Mohnsamen

12 essbare Blüten, z. B. Veilchen (nach Belieben)

Salz und frisch gemahlener schwarzer Pfeffer

Mit einem Sparschäler oder Gemüsehobel die Gurke längs in Streifen hobeln und in eine Schüssel geben. Mit Radieschenscheiben, Zucker, Essig, etwas Salz und 3 EL Wasser mischen. Mindestens 30 Minuten marinieren, dabei gelegentlich umrühren.

Frischkäse und Senf in einer Schüssel mit etwas Salz und Pfeffer verrühren. Das Brot toasten und kurz abkühlen lassen, dann mit dem Frischkäse bestreichen. Die Gurkenstreifen abtropfen lassen und auf den Toastscheiben verteilen. Den Stremellachs mit den Händen grob in Stücke teilen und auf den Broten verteilen, mit Mohnsamen bestreuen und nach Belieben mit je einer essbaren Blüte garnieren.

MEERRETTICH MIT
★
RINDER-TATAR

Durch das Anfrieren lässt sich das Fleisch leichter in dünne Scheiben schneiden, ohne dass Konsistenz oder Aroma darunter leiden. Ein wirklich nützlicher Trick, um hauchdünne Scheiben oder, wie in diesem Fall, feinstes Hackfleisch herzustellen.

 24 Canapés

 25 Minuten zzgl. Tiefkühlzeit

200 g Rinderfilet
24 kleine quadratische Stücke Challa-Brot
2 EL Olivenöl
1 EL Kapern, abgetropft und fein gehackt
½ rote Zwiebel, fein gehackt
1 große Gewürzgurke, fein gehackt
1 kleine Handvoll Petersilienblätter, fein gehackt
1 kleine Handvoll Schnittlauchröllchen
2 TL Mayonnaise
2 TL Tomatenketchup
einige Spritzer Tabasco
3–4 EL Crème fraîche
1 kleines Stück frischer Meerrettich, geschält
Salz und frisch gemahlener schwarzer Pfeffer

Das Fleisch 30 Minuten vor der Zubereitung in den Gefrierschrank legen. Inzwischen den Backofen auf 160 °C (Umluft) vorheizen. Die Brotscheiben mit etwas Öl bestreichen, auf ein Backblech legen und 6–8 Minuten knusprig rösten. Abkühlen lassen.

Das Fleisch aus dem Gefrierschrank nehmen und in 0,5 cm breite Streifen schneiden. Jeden Streifen in feine Würfel schneiden und in eine Schüssel geben. Kapern, Zwiebel, Gurke, Petersilie und Schnittlauch zufügen und gut verrühren. Dann Mayonnaise, Ketchup, Tabasco, etwas Salz und Pfeffer unterheben. Bis zum Servieren kühl stellen.

Das Tatar auf den Toastscheiben verteilen, mit einem Klecks Crème fraîche garnieren und frischen Meerrettich darüberreiben.

HÜHNERLEBER &
★
KNUSPRIGE HÄHNCHENHAUT

Es hat etwas sehr Befriedigendes, so köstliche Häpp-
chen aus den Hühnerteilen zu zaubern, die die meisten
Menschen wegwerfen. Dabei hat krosse Hähnchenhaut ein
hohes Suchtpotenzial!

 12 Crostini

 35 Minuten

Haut von 4 Hühnerbrüsten
12 Scheiben Ciabatta oder
    Sauerteigbrot
1 Knoblauchzehe, halbiert
100 g Pancettawürfel
1 Schalotte, fein gewürfelt
1 großes Stück Butter
250 g Hühnerlebern, pariert,
    abgespült, trocken getupft
    und in mundgerechte Stücke
    geschnitten
2 EL Madeira
3 Thymianzweige, Blättchen
    abgezupft, zzgl. Blättchen zum
    Servieren
1 Spritzer Sherryessig
frisch gemahlener schwarzer
    Pfeffer

Den Backofen auf 180 °C (Umluft) vorheizen. Die
Hähnchenhaut zwischen zwei Lagen Backpapier
auf ein Backblech legen und mit einem schweren
Backblech beschweren. Etwa 15 Minuten sehr kross
braten. Zum Abkühlen beiseitestellen. Mit dem aus-
getretenen Fett aus der Hähnchenhaut je eine Seite
der Brotscheiben bestreichen und diese nach oben
auf das Backblech legen. 6–8 Minuten goldbraun
rösten. Jede Scheibe leicht mit der Schnittseite der
Knoblauchhälften abreiben.

Den Pancetta in einer Pfanne bei starker Hitze
1 Minute anbraten. Die Schalottenwürfel zufügen
und 3–4 Minuten weiterbraten, bis der Pancetta
kross und die Schalotte weich ist.

Die Butter zur Schalotte in die Pfanne geben und,
sobald sie schäumt, die Hühnerlebern zufügen.
Unter Rühren 3–4 Minuten braten, bis die Lebern
außen braun, innen aber noch rosa sind. Den
Madeira zugießen und sprudelnd um die Hälfte
einkochen lassen. Thymian, Essig und schwarzen
Pfeffer unterrühren, dann die Mischung auf den
Toastscheiben verteilen und mit etwas Bratensaft
beträufeln. Die Hähnchenhaut in Stücke brechen
und auf den Toasts verteilen. Zum Schluss mit
Thymianblättchen bestreuen.

TOAST

★

AM ABEND

PAIN PERDU MIT

★

LAUCH & PARMESAN

Arme Ritter stehen in Schnellrestaurants überall auf der Welt auf der Speisekarte, doch wer modern sein will, nennt sie *Pain perdu*. Reichlich Butter und langsames Köcheln in Wein lassen den Lauch auf der Zunge zergehen.

 4 Portionen

🕐 30 Minuten

50 g Butter
1 Knoblauchzehe, angedrückt
einige Thymianzweige
75 ml Weißwein oder Wasser
3 Lauchstangen, in 5 cm lange
    Stücke geschnitten, dann längs
    halbiert
3 große Eier
100 ml Milch
25 g Parmesan, fein gerieben, zzgl.
    etwas zum Servieren
4 Scheiben Kastenweißbrot
Salz und frisch gemahlener
    schwarzer Pfeffer

Die Hälfte der Butter, Knoblauch, Thymian und Wein oder Wasser bei mittlerer Hitze in einem flachen Topf aufkochen. Den Lauch hineingeben, vorsichtig wenden und mit Salz und Pfeffer würzen. Zugedeckt 10 Minuten kochen. Den Deckel abnehmen und weitere 10 Minuten kochen, bis der Lauch zart und die Flüssigkeit verdampft ist. Zum Abkühlen beiseitestellen. Inzwischen den Backofen auf 140 °C (Umluft) vorheizen.

In einem Rührbecher die Eier aufschlagen. Mit Milch, geriebenem Parmesan, Salz und Pfeffer verrühren. Das Brot nebeneinander in einer flachen Schüssel auslegen und die Eimischung darübergießen. Von jeder Seite 5 Minuten einweichen lassen. Die Hälfte der restlichen Butter bei schwacher Hitze in einer Pfanne zerlassen. Zwei eingeweichte Brotscheiben in die Pfanne legen und von beiden Seiten jeweils 2 Minuten goldbraun braten. Auf ein Backblech legen und im Ofen warm halten. Die restlichen Scheiben auf dieselbe Weise zubereiten.

Den warmen Lauch auf den Broten verteilen und mit geriebenem Parmesan und schwarzem Pfeffer bestreuen.

BLUTPUDDING MIT
★
APFEL & HASELNUSS

Die Kombination von süßen Äpfeln und Nüssen mit Blutpudding erscheint vielleicht auf den ersten Blick seltsam, aber das kräftige, erdige Aroma des Blutpuddings sorgt für den idealen Kontrast. In der spanischen Küche wird Blutpudding manchmal sogar mit Schokolade in Desserts verwendet.

4 Portionen

15 Minuten

25 g Butter zzgl. etwas zum
    Bestreichen
2 kleine Cox-Orange-Äpfel
200 g Blutpudding, grob gehackt
25 g Haselnüsse, sehr grob gehackt
5 Salbeiblätter, in sehr feine
    Streifen geschnitten
etwas flüssiger Honig
4 Scheiben Weizenbrot mit Mohn
Salz und frisch gemahlener
    schwarzer Pfeffer

Die Butter in einer großen Bratpfanne zerlassen. Die Äpfel vierteln, das Kerngehäuse entfernen und die Äpfel in 0,5 cm dicke Scheiben schneiden. In die Pfanne geben und etwas Salz darüberstreuen. Die Äpfel 2 Minuten sanft braten. Dabei immer wieder mit der Garflüssigkeit übergießen, bis sie weich werden.

Die Äpfel an den Rand der Pfanne schieben und die Hitze erhöhen. Den Blutpudding hineingeben und etwa 3 Minuten braten, bis er kross wird und leicht zerfällt. Haselnüsse und Salbei in die Pfanne geben und alles mischen. 1 Minute weiterbraten, bis die Nüsse leicht gebräunt sind. Den Honig darüberträufeln, mit Salz und Pfeffer würzen und alles vermengen. Das Brot toasten und großzügig buttern, dann die Blutpudding-Apfel-Masse darauf verteilen.

ESTRAGON

PILZE & HÄHNCHEN

In einem Restaurant würde dieses elegante Frikassee aus Hähnchen und Pilzen als kleines Häufchen auf einem feinen Porzellanteller serviert werden. Aber richtig edel geht anders: auf Toast häufen und mit frischem Estragon bestreuen. Viel appetitlicher, oder?

 4 Portionen

 15 Minuten

1 EL Olivenöl
2 große Hühnerbrustfilets,
   in mundgerechte Stücke
   geschnitten
250 g Wildpilze, z. B. Pfifferlinge
85 ml Marsala
125 g Crème double
1 große Handvoll Estragon, fein
   gehackt
4 Scheiben Dinkel- oder
   Vollkornbrot
Salz und frisch gemahlener
   schwarzer Pfeffer

Das Öl in einer Pfanne erhitzen. Das Fleisch salzen und pfeffern und bei starker Hitze 3–4 Minuten von allen Seiten braun braten. Die Pilze zufügen und 2–3 Minuten mitbraten, bis sie zusammenfallen. Den Marsala zufügen und einige Minuten sprudelnd einkochen lassen. Die Crème double einrühren und 2–3 Minuten köcheln lassen, bis die Sauce leicht eindickt. Mit Salz und Pfeffer abschmecken. Zum Schluss den Estragon unterrühren, dabei etwas zum Garnieren übrig lassen.

Das Brot toasten und die cremige Pilz-Hühnchen-Mischung darauf verteilen. Etwas schwarzen Pfeffer darübermahlen und mit dem restlichen Estragon bestreuen.

RINDERMARK &
★
GREMOLATA

Mark ist im Prinzip köstliches, üppiges, aromatisches Rinderfett und tränkt den Toast auf eine so himmlische Weise, dass man niederknien möchte. Zum Glück gleicht die gesunde Gremolata mit ihren frischen, scharfen Aromen den Fettgehalt des Marks wunderbar aus.

 4 Portionen

 20 Minuten

4 Markknochen (ca. 700 g),
    vom Metzger in 2 Stücke von
    15 cm Länge sägen und längs
    halbieren lassen
1 kleine rote Zwiebel, sehr fein
    gehackt
1 kleines Bund Petersilie,
    grob gehackt
2 EL Kapern, abgetropft und
    grob gehackt
abgeriebene Schale von
    ½ unbehandelten Zitrone und
    1 Spritzer Zitronensaft
4–8 Scheiben Sauerteigbrot
Salz und frisch gemahlener
    schwarzer Pfeffer

Den Backofen auf 180 °C (Umluft) vorheizen. Die Markknochen auf ein Backblech legen und im heißen Ofen etwa 15–18 Minuten braten, bis das Mark weich ist, aber noch nicht schmilzt.

Inzwischen die Gremolata zubereiten. Zwiebel, Petersilie, Kapern, Zitronenschale, Zitronensaft und etwas Salz und Pfeffer in einer Schüssel mischen. Das Brot toasten.

Das Mark aus dem Ofen nehmen und zur Selbstbedienung auf den Tisch stellen: Die Gäste kratzen das Mark heraus, streichen es auf ihr Brot und belegen dieses mit einigen Löffeln der Gremolata.

WELSH RAREBIT MIT
⭐
SPIEGELEI

Die meisten Fans würden sagen, einen guten überbackenen
Käsetoast kann man nicht verbessern. Doch, man kann:
mit einem Ei. Ein Spiegelei peppt fast jedes Gericht auf! Auf
einem Welsh Rarebit wird daraus sogar eine
legendäre Katerkur.

 6 Portionen

 40 Minuten

50 g Butter
50 g Mehl
250 ml Ale-Bier oder anderes
   obergäriges Bier
175 g reifer (scharfer) Cheddar,
   gerieben
3 EL Crème fraîche
2 TL englischer Senf
1 EL Worcestersauce
6 Scheiben Brot mit ganzen
   Körnern
Sonnenblumenöl zum Braten
6 Eier
1 Handvoll Erbsensprossen oder
   junge Salatblätter
Salz und frisch gemahlener
   schwarzer Pfeffer

Die Butter in einem Topf zerlassen. Sobald sie
schäumt, das Mehl zufügen und alles zu einer Paste
verrühren. 30 Sekunden bis 1 Minute braten, bis
die Masse Blasen wirft. Nach und nach mit einem
Schneebesen das Bier einrühren, bis eine glatte,
dicke Sauce entsteht. 1–2 Minuten sprudelnd kochen
lassen. Käse, Crème fraîche, Senf, Worcestersauce
und etwas Salz und Pfeffer zufügen und weiterrühren, bis alles geschmolzen und die Sauce homogen
ist. Zum Abkühlen und Festwerden beiseitestellen.

Den Backofengrill auf mittlerer Stufe vorheizen. Das
Brot leicht toasten und auf einer Seite dick mit der
Käsemasse bestreichen. Einige Minuten unter den Grill
schieben, bis der Käse goldbraun ist und Blasen wirft.

Inzwischen etwas Öl in einer Pfanne erhitzen. Drei
Eier hineinschlagen und braten, bis das Eiweiß fest
ist, das Eigelb aber noch flüssig. Aus der Pfanne
nehmen und mit den restlichen drei Eiern ebenso
verfahren. Die Spiegeleier auf die Käsetoasts setzen
und mit frisch gemahlenem schwarzen Pfeffer
abrunden. Mit Erbsensprossen oder jungen Salatblättern servieren.

KÄSE-

★

FONDUE

Jeder, der schon einmal Skifahren war, erinnert sich sicher
an den großen Topf mit dem mächtigen Käsefondue, in das
man seine Brotwürfel tunkt. Bei dieser Variante macht man
es einfach umgekehrt: das Fondue auf den Toast streichen
und unter dem Grill den letzten Schliff geben.

 6 Portionen

 15 Minuten

140 g Comté, fein gerieben
140 g Greyerzer, fein gerieben
140 g Frischkäse
   (Doppelrahmstufe)
3–4 EL Weißwein
1 EL Maisstärke
frisch geriebene Muskatnuss
6 Scheiben Malz-Mehrkornbrot
1 Bund Radieschen mit Blättern
Salz und frisch gemahlener
   schwarzer Pfeffer

Beide Käsesorten, Wein, Stärke, etwas Muskatnuss,
Salz und Pfeffer in den Multizerkleinerer geben und
pürieren. Probieren und nach Bedarf mehr Wein
zufügen.

Den Backofengrill vorheizen und das Brot leicht
rösten. Auf niedrigste Stufe schalten – die niedrige
Einstellung ist wichtig, damit der Käse langsam
schmilzt. Die Käsemasse dick auf jede Toastscheibe
streichen, dann das Brot 10 Minuten unter den Grill
legen, bis der Belag geschmolzen ist und Blasen
wirft. In der letzten Grillminute die Hitze erhöhen,
damit die Oberseite schön braun wird. Dazu
knackige Radieschen mit Blättern servieren.

SCHARFE

★

NIERCHEN

Dieses britische Gericht stammt aus den Herrenclubs des Zeitalters von Edward VII. und wurde ursprünglich auf einer silbernen Wärmeplatte neben dem Esstisch serviert. Die Zubereitung lohnt sich nicht nur, weil es einfach umwerfend schmeckt, sondern auch, weil das Gericht dank seiner Geschichte quasi der Inbegriff eines außergewöhnlichen Toasts ist.

 2 Portionen

 15 Minuten

25 g Butter zzgl. etwas zum
    Bestreichen
2 Schalotten, in dünne Scheiben
    geschnitten
5 Lammnieren
2 Scheiben Kastenweißbrot
2 EL süßer Sherry
3 EL Crème double
¼ TL Cayennepfeffer
1 TL Dijonsenf
1 Spritzer Worcestersauce
1 kleine Handvoll Petersilie, fein
    gehackt
Salz und frisch gemahlener
    schwarzer Pfeffer

Die Butter bei mittlerer Hitze in einer Pfanne zerlassen. Die Schalotten mit 1 Prise Salz hineingeben und 5 Minuten dünsten, bis sie weich sind.

Inzwischen die Nieren längs halbieren und das weiße Innere herausschneiden. Unter kaltem Wasser waschen und trocken tupfen. Beiseitestellen.

Das Brot toasten und buttern. Die Nieren zu den Schalotten in die Pfanne geben und etwa 2 Minuten braun braten. (Sie sollten außen braun und innen rosa sein.) Den Sherry zufügen und 1 Minute sprudelnd kochen lassen. Dann Crème double, Cayennepfeffer, Senf, Worcestersauce, Salz und Pfeffer zugeben. Noch einmal erhitzen, dann auf den heißen Buttertoasts verteilen und mit Petersilie bestreuen.

EDLE

★

BOHNEN

Es gibt Dinge, mit denen macht man keine Experimente.
Pintobohnen aus der Dose, leuchtend orange und
weich, sind eigentlich nicht zu schlagen, aber bei diesen
hier – klebrig, süß und würzig – überdenken Sie Ihre Einstellung vielleicht noch einmal.

 6 Portionen

 1 Stunde

2 EL Sonnenblumenöl
8 Scheiben durchwachsener
   Räucherspeck, in Stücke
   geschnitten
1 Zwiebel, fein gehackt
3 Knoblauchzehen, geschält und
   angedrückt
25 g dunkler Rohrohrzucker
2 EL Zuckerrübensirup
100 ml Apfelessig
2 TL Senfpulver
500 g passierte Tomaten
1 Schuss Espresso
1 Dose weiße Bohnen (400 g),
   abgetropft und abgespült
1 Dose Pintobohnen (400 g),
   abgetropft und abgespült
6 Scheiben Kastenweißbrot
Butter zum Bestreichen
Salz und frisch gemahlener
   schwarzer Pfeffer

Das Öl in einer großen schweren Pfanne oder
einem Schmortopf bei starker Hitze heiß werden
lassen. Den Speck hineingeben und etwa 8 Minuten
leicht knusprig braten. Zwiebelwürfel zufügen und
5 Minuten dünsten, bis sie weich werden. Knoblauch hineingeben und 30 Sekunden mitbraten.
Zucker und Zuckerrübensirup zufügen und umrühren, bis der Zucker sich gelöst hat.

Essig, Senfpulver, passierte Tomaten und Espresso
unterrühren. Zum Kochen bringen und 20 Minuten
sanft einkochen lassen. Die abgetropften Bohnen
hineingeben und 15–20 Minuten köcheln lassen,
damit sich die Aromen entfalten können. Falls die
Sauce zu dick wird, etwas Wasser zufügen. Mit Salz
und Pfeffer abschmecken.

Das Brot toasten und buttern. Die Bohnen darauf
verteilen.

FRISCHE
★
SARDINEN

Dosensardinen auf Toast waren einmal ein beliebter Snack aus dem Vorratsschrank, aber heutzutage sind frische Sardinen viel leichter zu bekommen. Diese elegante Version erinnert an eine kleine Pause am Mittelmeer. Aber wer eine nostalgische Ader hat, kann natürlich auch eine Dose öffnen.

 4 Portionen

 25 Minuten

2 EL natives Olivenöl extra
2 Schalotten, in dünne Scheiben geschnitten
1 TL Feinzucker
1 kleine Knoblauchzehe, zerdrückt
325 g Kirschtomaten
1 EL Tomatenmark
1 EL Sherryessig
6 küchenfertige Sardinen
4 Scheiben Mehrkornbrot
Salz und frisch gemahlener schwarzer Pfeffer

In einer Pfanne 1 EL Öl erhitzen, Schalotten hineingeben und 5 Minuten bei mittlerer Hitze andünsten, bis sie weich werden. Mit dem Zucker bestreuen, Knoblauch zufügen und 30 Sekunden mitbraten, bis der Zucker geschmolzen ist. Die Tomaten in die Pfanne geben und etwa 8 Minuten weich braten. Falls die Schalotten zu dunkel werden, einen Schuss Wasser zufügen.

Die Tomaten mit der Rückseite eines Holzlöffels oder einer Gabel zerdrücken, dann Tomatenmark und 3 EL Wasser unterrühren. 5 Minuten weiterköcheln lassen. Essig, Salz und Pfeffer zufügen. Beiseitestellen.

In einer großen Pfanne ½ EL Öl erhitzen. Jede Sardine halbieren, sodass zwölf Filets entstehen. Sechs Filets mit der Hautseite nach unten in die heiße Pfanne legen und 1–2 Minuten goldbraun und kross braten. Vorsichtig wenden und 30 Sekunden weiterbraten. Aus der Pfanne nehmen und mit den restlichen Filets ebenso verfahren.

Das Brot toasten und mit der Tomatensauce bestreichen. Mit den Sardinen belegen, das restliche Öl darüberträufeln und schwarzen Pfeffer darübermahlen.

RÜHREI &

★

ANCHOVIS

Dieses Gericht ist ein britischer Klassiker. Bereiten Sie die Anchovisbutter am besten gleich auf Vorrat zu. Dick auf Toast gestrichen, ergibt sie auch ein herrliches Frühstück am nächsten Morgen.

 2 Portionen

 15 Minuten

8 Anchovisfilets in nativem
   Olivenöl extra, abgetropft
25 g weiche Butter zzgl. etwas
   zum Braten
einige Prisen Cayennepfeffer zzgl.
   etwas Pfeffer zum Servieren
einige Prisen Zimt
einige Prisen gemahlener Ingwer
frisch geriebene Muskatnuss
4 Eier
2 EL Crème double
2 Scheiben Dinkelbrot
1 kleine Handvoll
   Schnittlauchröllchen
Salz und frisch gemahlener
   schwarzer Pfeffer

Vier Anchovis fein hacken und in einer Schüssel mit der weichen Butter, den Gewürzen und etwas schwarzem Pfeffer vermengen. Beiseitestellen.

Ein kleines Stück Butter bei sehr schwacher Hitze in einem Topf zerlassen. Die Eier in eine Schüssel aufschlagen und leicht mit einer Gabel verrühren. Mit schwarzem Pfeffer und 1 kleinen Prise Salz würzen. Die Eier in die Pfanne gießen und gelegentlich vorsichtig umrühren, bis sie zu stocken beginnen. Vom Herd nehmen und die Crème double unterrühren. Wieder auf den Herd stellen und 30 Sekunden bis 1 Minute weiterbraten, bis das Rührei fast gestockt, aber noch weich ist. Vom Herd nehmen.

Inzwischen das Brot toasten und mit der Anchovisbutter bestreichen. Rührei, restliche Anchovis und Schnittlauchröllchen darauf verteilen. Mit 1 Prise Cayennepfeffer servieren.

PUTE

STROGANOFF

Im Mittelalter wurde das Essen manchmal statt auf Tellern auf großen Brotscheiben serviert, die nach Gebrauch verzehrt werden konnten. Ein Toast dient im Prinzip demselben Zweck: etwas Köstliches ganz unkompliziert mit den Händen zu essen. Pute Stroganoff ist dafür ein guter Anfang. Bald werden Sie alles Mögliche auf einem großen Brotteller servieren wollen!

 4 Portionen

 25 Minuten

2 EL Sonnenblumenöl zzgl. etwas
    zum Beträufeln
2 EL Mehl
400 g Putenbruststreifen
1 große Zwiebel, in dünne
    Scheiben geschnitten
2 Knoblauchzehen, zerdrückt
1 EL geräuchertes Paprikapulver
    zzgl. etwas zum Bestäuben
1 EL Tomatenmark
275 ml heiße Hühnerbrühe
1 geh. TL körniger Senf
150 g Schmand
4 Scheiben Sauerteigbrot
1 Handvoll Petersilie, grob gehackt
Salz und frisch gemahlener
    schwarzer Pfeffer

In einem flachen Topf 1 EL Öl erhitzen. Das Mehl in eine Schüssel geben und kräftig salzen und pfeffern. Die Putenstreifen im Mehl wälzen. Das Fleisch in zwei Portionen jeweils 5 Minuten braten, bis es teilweise braun und kross ist. Falls erforderlich, das restliche Öl zufügen. Mit einem Schaumlöffel herausnehmen und beiseitestellen.

Den Topf wieder auf den Herd stellen, etwas Öl hineingeben und die Zwiebel zufügen. Etwa 8 Minuten weich braten, dann den Knoblauch unterrühren. Paprikapulver darüberstreuen und Tomatenmark zufügen. Umrühren und die heiße Brühe zugießen. Alles aufkochen lassen und das Fleisch mit dem Bratensaft wieder in den Topf geben. 5 Minuten einkochen lassen, bis das Fleisch gar ist. Den Senf und ein Drittel Schmand unterrühren. Mit Salz und Pfeffer würzen und sanft erwärmen.

Die Brote toasten und das Stroganoff darauf verteilen. Den restlichen Schmand in Klecksen auf den Toasts verteilen und mit Petersilie und, nach Belieben, mit etwas Paprikapulver bestreuen.

★

HAGGIS & WHISKYZWIEBELN

Normalerweise wird Haggis nur noch bei schottischen Festen wie der „Burns Night" zu Ehren des schottischen Dichters Robert Burns serviert. Seine intensiven Aromen passen aber auch gut zu eleganteren Ausführungen. Für diesen edlen Toast ist nur eine kleine Menge nötig, um eine schöne Harmonie mit dem reichhaltigen Eidotter herzustellen.

 4 Portionen

 45 Minuten

2 ½ EL Olivenöl
3 große Zwiebeln, in dünne
    Scheiben geschnitten
½ geh. TL brauner Zucker
50 ml Whisky
400 g Haggis (schottisches
    Fertigprodukt)
4 Scheiben Sauerteigbrot
4 Enteneier
Salz und frisch gemahlener
    schwarzer Pfeffer

In einer Pfanne 2 EL Öl erhitzen. Die Zwiebeln mit einigen Prisen Salz hineingeben und 30 Minuten unter gelegentlichem Rühren sanft braten, bis sie weich sind und braun werden. Die Hitze erhöhen und 5 Minuten weiterbraten. Mit Zucker bestreuen und den Whisky zugießen. Einige Minuten unter Rühren weiterschmoren, bis die Zwiebeln schön braun sind.

Inzwischen das Haggis in eine Pfanne geben und bei mittlerer bis starker Hitze teilweise kross braten, dabei ggf. etwas Öl zufügen. Das Brot toasten und mit Zwiebeln und Haggis belegen. Das restliche Öl in der Pfanne heiß werden lassen. Zwei Eier hineinschlagen und braten, bis die Eiweiße fest, die Eigelbe jedoch noch flüssig sind. Mit den restlichen Eiern ebenso verfahren und eins auf jeden Toast setzen.

EINGELEGTE GURKEN &

★

GARNELENTOAST

Garnelentoast wird in chinesischen Schnellrestaurants gern als einfache Vorspeise serviert, aber das wird dem Gericht nicht wirklich gerecht. Selbst gemacht und mit eingelegten Gurken und Chilikonfitüre aufgepeppt, wird daraus im Handumdrehen eine eigenständige Mahlzeit.

 6 Portionen

 45 Minuten

140 g rohe Riesengarnelen (Gambas), ausgelöst und Darmfäden entfernt
1 TL geriebener Ingwer
2 Frühlingszwiebeln, in Scheiben geschnitten.
1 TL helle Sojasauce
1 Eiweiß
2 TL Maisstärke
½ Salatgurke
2 ½ EL Reisessig
2 TL Feinzucker
5 Scheiben Kastenweißbrot, Rinde entfernt
3 EL Sesamsaat
6 EL Chilikonfitüre
Salz und frisch gemahlener schwarzer Pfeffer
Sonnenblumenöl zum Braten

Garnelen, Ingwer, Frühlingszwiebeln, Sojasauce, Eiweiß, Stärke, Salz und Pfeffer in den Multizerkleinerer geben. Glatt pürieren und 30 Minuten in den Kühlschrank stellen.

Die Gurke mit einem Gemüseschäler oder -hobel in dünne Streifen schneiden. Essig, Zucker und etwas Salz in eine Schüssel geben. Rühren, bis sich Zucker und Salz gelöst haben, dann die Gurkenstreifen darin wenden. Zum Marinieren beiseitestellen.

Eine flache Bratpfanne 1 cm hoch mit Öl füllen und bei mittlerer Hitze auf den Herd stellen. Jede Brotscheibe dick mit der Garnelenmasse bestreichen. Mit Sesamsaat bestreuen und leicht andrücken. Jede Brotscheibe in drei bis vier lange Streifen schneiden. Probehalber ein kleines Brotstück ins heiße Öl geben: Wenn es in etwa 40 Sekunden braun wird, ist das Öl heiß genug. Das Öl sollte 180 °C heiß sein. Die Brotstreifen portionsweise 1–2 Minuten von jeder Seite goldbraun braten. Auf Küchenpapier abtropfen lassen. Mit eingelegter Gurke und Chilikonfitüre servieren.

FLADENBROT MIT
★
LABAN & MINZE

Laban ist ein arabisches Sauermilchprodukt, das man auch selbst herstellen kann. Die Menge hier reicht für mehr als zwei Fladenbrote. Es hält sich abgedeckt im Kühlschrank bis zu einer Woche und schmeckt auch gut als Salatbeilage, Dip oder zu gewürztem Lammbraten.

 2 Portionen

20 Minuten zzgl.
8 Stunden Abtropfzeit

500 g griechischer Joghurt
   (10 % Fettgehalt)
½ Knoblauchzehe, zerdrückt
2 EL natives Olivenöl extra zzgl.
   etwas zum Beträufeln
2 ½ EL Zatar (nordafrikanische
   Gewürzmischung)
2 Fladenbrote
25 g Pistazien
2 Handvoll Minzeblätter
½ TL Sumach
Salz und frisch gemahlener
   schwarzer Pfeffer

Für das Laban den Joghurt in einer Schüssel mit ½ TL Salz verrühren. Ein Sieb mit Musselin oder Gaze auslegen und den Joghurt hineingeben. Die Tuchecken zusammenfassen und das Sieb über eine Schüssel hängen. Im Kühlschrank 8 Stunden abtropfen lassen, bis der Joghurt dick ist.

Den Backofen auf 180 °C (Umluft) vorheizen. 200 g Laban in eine Schüssel geben und den zerdrückten Knoblauch unterrühren. In einer zweiten Schüssel Öl, Zatar, Salz und Pfeffer verrühren. Die Fladen-brote auf ein Backblech legen und mit der Gewürz-mischung bestreichen. Das Knoblauch-Laban in Klecksen daraufsetzen und etwas verteilen. Im Ofen 10–12 Minuten goldbraun und knusprig backen. Die Pistazien auf einem kleinen Backblech verteilen und 8 Minuten mit den Fladenbroten im Ofen rösten. Abkühlen lassen und grob hacken.

Die Fladenbrote kurz abkühlen lassen, dann mit Pistazien, Minzeblättern und Sumach bestreuen und mit etwas Öl beträufeln.

WÜRZIGES

★

KREBSFLEISCH

Liebhaber des glamourösen Hummers vergessen häufig, wie köstlich frisches Krebsfleisch sein kann. Das weiße Fleisch schmeckt besonders mild und frisch; die zarten Curry-Aromen machen daraus eine geradezu himmlische Leckerei.

 4 Portionen

 40 Minuten

200 g frisches weißes Krebsfleisch
100 g Butter
½ rote Chili, Samen entfernt und
  fein gehackt
2 Frühlingszwiebeln, weiße und
  grüne Teile, in sehr dünne
  Scheiben geschnitten
1 kleine Handvoll Korianderblätter,
  fein gehackt, zzgl. etwas zum
  Servieren
abgeriebene Schale und Saft von
  ½ unbehandelten Limette (die
  andere Hälfte zum Servieren
  aufbewahren)
einige Prisen Currypulver
3 EL griechischer Joghurt
4–8 dünne Scheiben Mehrkornbrot
Salz und frisch gemahlener
  schwarzer Pfeffer

Das Krebsfleisch auf Schalenstücke untersuchen und in eine Schüssel legen. Die Hälfte der Butter in einem kleinen Topf zerlassen und abkühlen lassen. Chili, Frühlingszwiebeln, gehacktes Koriandergrün, Limettenschale und -saft, Currypulver, Joghurt, Salz und Pfeffer mit dem Krebsfleisch vermengen. Die abgekühlte Butter unterrühren. In ein Schraubglas oder eine Schüssel füllen und festdrücken.

Die restliche Butter zerlassen, etwas abkühlen lassen und ggf. Molkeflöckchen von der Oberfläche schöpfen. Über das Krebsfleisch gießen, die trüben Feststoffe dabei im Topf lassen. Im Kühlschrank etwa 30 Minuten fest werden lassen.

Zum Servieren das Brot toasten und mit der Krebsfleischmasse bestreichen. Mit Korianderblättern bestreuen und mit Limettenspalten servieren.

SAHNEMEERRETTICH &
GEGRILLTES RINDERHERZ

Rinderherz klingt nach Innereien, ist tatsächlich aber
sauberes, fettfreies und gut ausgebildetes Muskelfleisch. Es
hat ein hervorragendes steakartiges Aroma und schmeckt
am besten rosa gebraten. So kann der Saft austreten, der
dann vom Toast darunter aufgenommen wird.

2 Portionen

10 Minuten

250 g Rinderherz
1 EL Sahnemeerrettich
3 EL Crème fraîche
2 Scheiben Sauerteigbrot
1 EL Olivenöl
1 Handvoll Brunnenkresseblätter
6 Cornichons, längs halbiert
Salz und frisch gemahlener
   schwarzer Pfeffer

Eventuelle Fett- und Sehnenreste entfernen und
das Rinderherz in dünne Scheiben schneiden.
Beiseitestellen. In einer Schüssel Meerrettich,
Crème fraîche, Salz und Pfeffer verrühren.

Eine Grillpfanne bei starker Hitze heiß werden
lassen. Das Brot mit 1 TL Öl beträufeln und von
beiden Seiten in der heißen Grillpfanne rösten.
Das Fleisch salzen und pfeffern, mit dem restlichen
Öl einpinseln und je nach Dicke der Scheiben
30 Sekunden bis 1 Minute grillen – es sollte außen
Grillstreifen zeigen und in der Mitte noch rosa sein.
Auf einen Teller legen und einige Minuten ruhen
lassen.

Fleisch und Brunnenkresse auf den Toastscheiben
verteilen. Mit je einem Klecks Sahnemeerrettich
versehen, mit den Cornichons garnieren und
schwarzen Pfeffer darübermahlen.

ÜBERBACKENER

★

BLUMENKOHL

Überbackener Blumenkohl ist ein bewährter Klassiker und lässt sich wunderbar aufpeppen. Die blanchierten Röschen und die cremige Sauce Mornay passen perfekt zu einer knusprig gerösteten Scheibe Brot.

 4 Portionen

 18 Minuten

1 kleiner Blumenkohl (ca. 600 g), in Röschen geteilt
25 g Butter zzgl. etwas zum Bestreichen
25 g Mehl
300 ml Milch
200 g geriebener reifer (scharfer) Cheddar
1 TL englischer Senf
1 Eigelb
4 Scheiben Kümmelbrot oder Brot mit ganzen Körnern
frisch geriebene Muskatnuss
einige Handvoll Brunnenkresse (nach Belieben)
Salz und frisch gemahlener schwarzer Pfeffer

Einen großen Topf mit Wasser zum Kochen bringen. Die Blumenkohlröschen hineingeben und in 5 Minuten weich köcheln. Abtropfen lassen und beiseitestellen.

Die Butter in einem kleinen Topf bei mittlerer Hitze zerlassen. Das Mehl zufügen und alles zu einer Paste verrühren. Die Milch nach und nach unter ständigem Rühren mit dem Schneebesen zugießen, bis eine glatte Sauce entsteht. Unter ständigem Rühren aufkochen und 2 Minuten sprudelnd einkochen lassen. Cheddar, bis auf etwas zum Bestreuen, Senf, Salz und Pfeffer zufügen. Umrühren, bis der Käse geschmolzen ist, dann den Topf vom Herd nehmen und das Eigelb zufügen. Alles verrühren und den Blumenkohl vorsichtig unterheben.

Den Backofengrill auf mittlerer Stufe vorheizen. Das Brot auf ein Backblech legen und von beiden Seiten leicht rösten. Mit Butter bestreichen und den Blumenkohl auf den Brotscheiben verteilen. Den restlichen Käse darüberstreuen und einige Minuten unter den Grill stellen, bis der Belag goldbraun ist und Blasen wirft. Mit frisch geriebener Muskatnuss abrunden. Nach Belieben mit Brunnenkresse servieren.

WARMER HUMMUS &
WÜRZIGES LAMM

Im Libanon wird Fladenbrot mit Hummus und gewürztem Lammhack als Lahmacun auf der Straße verkauft. Wenn die Zeit drängt oder Sie sich die Mühe nicht machen wollen, verwenden Sie für dieses Rezept guten fertigen Hummus.

4 Portionen

20 Minuten

1 Dose Kichererbsen (400 g), abgetropft und abgespült
3 EL Tahini
2 Knoblauchzehen, zerdrückt
abgeriebene Schale von
 ½ unbehandelten Zitrone und
 Saft von 1 kleinen Zitrone
1 TL gemahlener Kreuzkümmel
2 EL Naturjoghurt
3 EL Olivenöl
2 EL Pinienkerne
1 großes Stück Butter
400 g Lammhackfleisch
1 ½ TL gemahlener Piment
1 TL Zimt
4 Scheiben Vollkornbrot
½ TL Chiliflocken (z.B. Pul Biber)
1 große Handvoll
 Petersilienblätter, grob gehackt
Salz und frisch gemahlener
 schwarzer Pfeffer

Den Backofen auf 160 °C (Umluft) vorheizen Kichererbsen, Tahini, 1 Knoblauchzehe, Zitronenschale und -saft, Kreuzkümmel, Joghurt, 2 EL Öl und 2 EL kaltes Wasser in einen Multizerkleinerer geben. Mit Salz und Pfeffer würzen und in 5 Minuten zu einer sehr glatten Paste verarbeiten. In eine ofenfeste Schüssel füllen.

Eine Bratpfanne erhitzen und die Pinienkerne darin unter Rütteln rösten, bis sie braun werden. Die Butter zufügen und warten, bis sie zerlassen und goldbraun ist. Die Mischung über den Hummus gießen und 10 Minuten im Ofen backen.

Inzwischen das restliche Öl in derselben Pfanne bei starker Hitze heiß werden lassen. Hackfleisch zufügen und unter Rühren etwa 8 Minuten braten, bis das Fleisch braun und kross und die Flüssigkeit verdampft ist. Den restlichen Knoblauch, Piment, Zimt, Salz und Pfeffer unterrühren und 2 Minuten weiterbraten.

Das Brot toasten. Den warmen Hummus auf den Toastscheiben verteilen. Das Fleisch mit einem Schaumlöffel aus der Pfanne heben und auf den Toasts verteilen. Mit Chiliflocken und Petersilie bestreuen.

WÜRSTCHEN &
★
LINSEN

Puy-Linsen haben einen schönen, kräftigen Eigen-
geschmack und werden häufig mit Würstchen zu einem
warmen, sättigenden Eintopf verarbeitet. Toasts aus rusti-
kalem italienischen oder französischen Landbrot sind eine
ideale Unterlage für den aromatischen Saft.

4 Portionen

1 Stunde

2 EL natives Olivenöl extra zzgl.
    etwas zum Beträufeln
8 Chipolata oder andere kleine
    Bratwürstchen
1 Zwiebel, fein gehackt
2 Knoblauchzehen, zerdrückt
1 kleine Karotte, fein gehackt
2 Selleriestangen, fein gehackt
1 TL Fenchelsamen
125 g Puy-Linsen
3 Rosmarinzweige, Nadeln
    abgezupft
450 ml heiße Hühner- oder
    Gemüsebrühe
2 TL Dijonsenf
4 Scheiben Sauerteigbrot oder
    rustikales Landbrot
Salz und frisch gemahlener
    schwarzer Pfeffer

Das Öl in einer großen Pfanne bei mittlerer Hitze
heiß werden lassen und die Würstchen von allen
Seiten kurz anbräunen. Aus der Pfanne nehmen und
auf einem Teller beiseitestellen, die Pfanne auf dem
Herd lassen. Die Hitze reduzieren, Zwiebelwürfel in
die Pfanne geben und 5 Minuten andünsten, bis sie
weich sind. Knoblauch, Karotte und Sellerie zufügen
und 10 Minuten weiterbraten. Die Fenchelsamen
zufügen und 1 Minute rühren, dann Linsen und
Rosmarin zugeben und alles gut umrühren. Mit der
heißen Brühe ablöschen und zugedeckt 20 Minuten
sanft köcheln lassen.

Die Würstchen leicht in die Linsenmischung
drücken, den Deckel wieder schließen und 10 Minuten weitergaren. Zum Schluss die Hitze erhöhen
und noch 5 Minuten offen kochen. Sobald die
Flüssigkeit reduziert ist, die Linsen weich und die
Würstchen gar sind, den Senf und etwas Salz und
Pfeffer unterrühren.

Das Brot toasten. Jede Brotscheibe mit Linsen
und zwei Würstchen belegen und mit etwas Öl
beträufeln.

INDEX

DANKE

Pimp your Toast war echte Teamarbeit.
Danke an Tim Hayward für all die
Wörter, Ideen und Tipps. An Emily Kydd,
die eine chaotische Liste mit Gerichten
in fantastische Rezepte verwandelte. An
Louise Hagger für ihre brillanten Fotos
und das hervorragende Foodstyling.
An Kate Wanwimolruk für das flotte
Lektorat. Und an alle bei Quadrille für
die Umsetzung, vor allem an Helen,
Gemma, Harriet, Inez, Margaux, Vincent
und Tom.

Sarah